Gabriela Nedoma & Siegrid Hirsch

VEGANE KOSMETIK

einfach • handmade • aus der Natur

READ GLOBAL BUY LOCAL

ISBN 978-3-99025-113-3

Layout: freya_art, Christina Diwold
Lektorat: Dorothea Forster
Fotos: Christina Diwold
Shutterstock: © kostrez, PhotographyByMK, Africa Studio, Curly Pat, unpict, Lasse Hendriks, spline_x, dadalia, images72, SOMMAI, unverdorben jr, GreenArt Photography, Gorenkova Evgenija, Leone_V
Arrangement/Styling: Elisabeth Ruzicka

printed in EU

Anmerkung: Alle in diesem Text enthaltenen Anregungen, Beschreibungen, Tipps und Rezepte wurden mit großer Sorgfalt zusammengestellt und getestet. Dennoch kann aufgrund unterschiedlicher Rohstoffe, Ausgangsbedingungen und individueller Fähigkeiten nicht garantiert werden, dass die Informationen auf Ihre Situation zutreffen. Daher kann keinerlei Haftung für etwaige Verletzungen, Verluste oder andere Schäden übernommen werden, die aus der Verwendung der in diesem Text angebotenen Informationen resultieren.

Gabriela Nedoma & Siegrid Hirsch

VEGANE KOSMETIK

einfach • handmade • aus der Natur

Inhalt

einzigartig und neu!

EIN HERZ FÜR DIE NATUR

Wahrscheinlich sind wir Seelenverwandte: Gabriela und ich. Wir beide lieben Schwester Rose, Bruder Löwenzahn und all die anderen Kräuterverwandten, die uns täglich begegnen.

Jemanden zu treffen, der die gleichen Vorstellungen von einem liebevollen Umgang mit der uns umgebenden Natur hat und sich selbst als einen Teil davon sieht, ist einfach nur schön. Es verbindet. Nicht nur Gabriela und mich, auch dich mit uns. Wir haben ein gemeinsames Ziel. Wir lassen mit jedem Tag, den der liebe Gott entstehen lässt, einen weiteren der heute üblichen Problemstoffe weg, die uns und unseren Mitgeschöpfen im wahrsten Sinn des Wortes die Lebensadern abschnüren. Wir bereiten unserer Haut in wenigen Minuten genau die veganen Pflegemittel zu, die schützen und entgiften.

Alles eine Sache der Ansicht

Du lebst in einer ständig pulsierenden Welt, die sich innerhalb von 1,8 bis 2 m^2 abspielt. Sie umschließt alles, was dich ausmacht. Arme und Beine, Bauch und Po, Kopf und Füße, nicht zu vergessen – Herz und Hirn. Sie versiegelt dein ICH nach außen, sie ist die Hülle, dein bester Schutzwall und nebenbei dein größtes Organ. Deine Haut. Du atmest damit und du scheidest damit aus, was dir schadet.

Deine Körperwelt ist Teil des gesamten Kosmos, in dem alles über kurz oder lang harmonisch ausgeglichen ist. Nicht zu viel – nicht zu wenig. Ein Kommen und ein Vergehen. Du kannst dieses Prinzip in allen Lebensbereichen beobachten, wenn du genau hinschaust. Eine zu philosophische Betrachtung der Dinge? Vielleicht. Aber auch Kosmetik, als wichtiger Bestandteil unserer Kultur, muss unter diesem Gesichtspunkt gesehen werden.

Vegane Kosmetik verzichtet im Gegensatz zur klassischen Naturkosmetik auf Milch und Butter, auf Eier, Honig, Fisch (Kaviar) oder Fleisch (Collagen), denn es gibt pflanzliche Alternativen, die du deiner kostbaren Außenhülle mit einem guten Gefühl zuführen kannst.

Das Gebot der Stunde lautet, weniger ist mehr! Wenn du alles selbst machst, kannst du dir sicher sein: Kein fühlendes Wesen wird als Rohstofflieferant oder im Labor missbraucht. Du fügst deinem Mikrokosmos keinen Schaden zu – und damit auch nicht dem Makrokosmos.

Auf dem deutschen Naturkosmetik-Markt werden heute 42.000 zertifizierte Naturkosmetik-Produkte gekauft, manche vielleicht auch von dir. Der Umsatzanteil beträgt 8 % des gesamten Kosmetikmarktes, Tendenz steigend. In Österreich und der Schweiz sind es etwa 5 %, Tendenz stark steigend. Wir alle wollen also mehr Natur in unseren Pflegemitteln. Zu dumm, dass bei einer Untersuchung festgestellt wurde, wie bedenklich die Zutatenliste dieser „natürlichen" Naturkosmetik häufig ist. 60 % davon haben weder mit Pflanzen noch mit Natur zu tun. Sie entsprechen auch nicht dem Ideal einer Versorgung aus der eigenen Region. Irgendjemand hat einmal ausgerechnet, ein Mensch müsste für das, was auf seinem Frühstückstisch steht, eigentlich drei Mal die Welt umrunden. Natürlich tut er das nicht. Aber es gibt eine Transportindustrie, die es für ihn macht. Diese Berechnungen gibt es auch für Kosmetika.

Und sie lesen sich ebenso übel. Machen wir diese Erde ein wenig schöner, indem wir uns mit Pflanzen pflegen, die bei uns wachsen oder die aus nachhaltigem Anbau stammen.

Pflanzen sind wirksam, hautverschönernd, pflegend und normalerweise gut verträglich – sie sind gut zu uns allen. Hochdosierte Wirkstoffe, besonders wenn sie synthetisch nachgebaut sind, helfen kaum so perfekt wie das Original aus der Pflanze. Du unterstützt damit deine ureigene Schönheit, die dich aus dem Spiegel und den Augen deiner Lieben anstrahlt. Wenn du deine Kosmetik nach den Anleitungen in diesem Buch rührst, hörst du auf, Problemstoffe zu verbrauchen und lange Transportwege zu unterstützen. Du hortest nicht mehr 15 oder 20 unterschiedliche Pflegeprodukte im Regal, sondern höchsten drei bis fünf. Und wenn einmal gar nichts mehr da ist – schau in deinen Obstkorb oder in die Gemüsekiste, geh hinaus in die freie Natur. Hier findest du alles, was du brauchst. Auch die Vitalität, Gesundheit und Erdverbundenheit, die allen Menschen eigen ist, die sich dazu bekennen, Teil einer großen immerwährenden Geschichte zu sein.

Alles vegan!

VEGANE INHALTSSTOFFE

Asche & Pottasche

Pottasche ist eine Zutat aus der Backabteilung, Asche wird in manchen Apotheken oder übers Internet angeboten. Asche entsteht durch die Verbrennung organischer Stoffe. Pottasche ist der reine mineralische Rückstand ohne Begleitstoffe und wird durch Verdampfung der Aschenlauge gewonnen. Asche ist hochbasisch, wirkt blutstillend und hat eine antiseptische Wirkung. Sie kann ähnlich wie Natron in der Zahnpflege und in Shampoos verwendet werden.

Ätherische Öle

Ätherische Öle werden in zahlreichen gut sortierten Bioläden angeboten. Empfehlenswert sind 100 % natürliche ätherische Öle aus biologischem Anbau oder aus einer Wildsammlung.

Birkenzucker

Birkenzucker (Xylit) ist ein zahnfreundlicher Zucker. Er besitzt plaquehemmende Eigenschaften, verhindert das Wachstum von Bakterien im Mundraum und hat eine erfrischende Wirkung.

Essig

Wichtiges Schönheitsmittel mit reinigenden, erfrischenden, antiseptischen, desodorierenden und hautverfeinernden Eigenschaften. Essig kann zur Haar- und Hautreinigung, in der Intimpflege und als Deodorant verwendet werden. Achten Sie beim Kauf auf vegan produzierte Essige, die ohne tierische Produkte wie Gelatine geklärt wurden.

Fette

Kakaobutter ist ein hautfreundliches Fett und wird auch von Kindern und Menschen mit sensibler Haut gut vertragen. Sie macht die Haut weich, elastisch und samtig und zieht rasch in die Haut ein. Kakaobutter ist hautberuhigend und unterstützt die natürliche Hautregeneration.

Kokosfett ist ebenfalls ein hochwertiges und sehr gut verträgliches veganes Fett. Es hat kühlende, desodorierende und desinfizierende Eigenschaften, wirkt feuchtigkeitsspendend, hautberuhigend und schützt die Haut vor Sonnenstrahlung. Kokosöl ist auch ein verlässlicher Zecken- und Insektenschutz.

Vegane Fette wie Kakaobutter und Kokosöl sind ausgezeichnete Salbengrundlagen und eignen sich zur Herstellung von Sonnenpflege, Deodorants und zur Zahnpflege.

Gewürze & Kräuter

Heilsame Pflanzen wie Kräuter, Gewürze und Bäume sind die wichtigste Naturapotheke der Menschen und bieten eine große Vielfalt an Wirkstoffen. Verwendet werden können Blüten, Wurzeln, Harze, Früchte, Knospen, Rinde oder Samen.

Ein Überblick hautpflegender Gewürze und Kräuter

- **Aloe Vera (Aloe)**: *feuchtigkeitsspendend, wundheilend, hautregenerierend*
- **Apfel (Malus):** *zellerneuernd, feuchtigkeitsspendend, straffend*
- **Brennnessel (Urtica dioica):** *haarwuchsfördernd, desinfizierend, klärend*
- **Gänseblümchen (Bellis perennis):** *entzündungshemmend, wundheilend, hautberuhigend*
- **Gewürznelken (Syzygium aromaticum):** *schmerzstillend, antibakteriell, desodorierend*
- **Gurke (Cucumis sativus):** *kühlend, adstringierend, feuchtigkeitsspendend*
- **Kamille (Matricaria chamomilla):** *antibakteriell, wundheilend, entzündungshemmend*
- **Karotte (Daucus carota):** *hautschützend, hautregenerierend, sonnenschützend*
- **Kardamom (Elettaria cardamomum):** *erfrischend, antibakteriell, desodorierend*
- **Kaffee (Coffea):** *durchblutungsfördernd, anregend, straffend*
- **Lavendel (Lavandula):** *hautberuhigend, desinfizierend, abschwellend*
- **Minze (Mentha):** *kühlend, desinfizierend, entzündungshemmend*
- **Moose (Bryophyta):** *wundheilend, pilzhemmend, antibakteriell*
- **Ringelblume (Calendula):** *wundheilend, entzündungshemmend, abschwellend*
- **Rose (Rosa):** *antibakteriell, entzündungshemmend, adstringierend*

- **Rosskastanie (Aesculus hippocastanum):** *reinigend, desinfizierend, wundheilend*
- **Salbei (Salvia):** *enzündungshemmend, wundheilend, desodorierend*
- **Schafgarbe (Achillea millefolium):** *blutstillend, hautberuhigend, wundheilend*
- **Thymian (Thymus):** *Naturantibiotikum, entzündungshemmend, antibakteriell*
- **Tanne (Abies):** *desodorierend, desinfizierend, zusammenziehend*
- **Vogelmiere (Stellaria media):** *wundheilend, hautklärend, juckreizlindernd*
- **Wegerich (Plantago):** *wundheilend, pilzhemmend, juckreizlindernd*
- **Weihrauch (Boswellia):** *wundheilend, schmerzstillend, hautregenerierend*
- **Zimt (Cinnamomum):** *antibakteriell, pilzhemmend, durchblutungsfördernd*
- **Zitrone (Citrus):** *erfrischend, desinfizierend, adstringierend, desodorierend*

Beim Einkauf von Gewürzen und Kräutern zieh biologisch oder wild gewachsene Ware aus kontrolliertem Anbau vor. Sammle nur Kräuter, die du eindeutig erkennst. Gesammelt werden nur gesunde, junge und saubere Pflanzenteile, die fern von Verunreinigungsquellen wie Straßen, Bahn und Hundeplätzen wachsen. Optimaler Zeitpunkt für das Sammeln ist vormittags an sonnigen Tagen.

FREUNDE DEINER HAUT

Samen

Hafer und Gerste passen wunderbar in straffende Packungen. Weizen und sein Öl legen sich mit Falten an. Sesam schützt die Haut vor Sonne. Galgant und Sonnenblumenkerne pflegen trockene Stellen. Aus Borretsch, Hagebutte und Schwarzkümmel entsteht hochwertiges kosmetisches Pflegeöl.

Blütenblätter

Viele Schönheitsmittel gewinnen ihre Kraft aus Blütenblättern oder ganzen Blüten. Gartennelken, Rose, Hamamelis, Hopfen, Leinkraut und Ligusterblüten, Glockenblume, Rotklee, Lindenblüten und Wegwarten-Blüten ergeben gute Reinigungsfluids. Holunder, Gänsedistel, Kamille, Ringelblume, Marienblatt, Gilbweiderich, Mädesüß, Tausendgüldenkraut und Goldrute gehören als Wirkstoffkomponente in Lotionen oder Cremen.

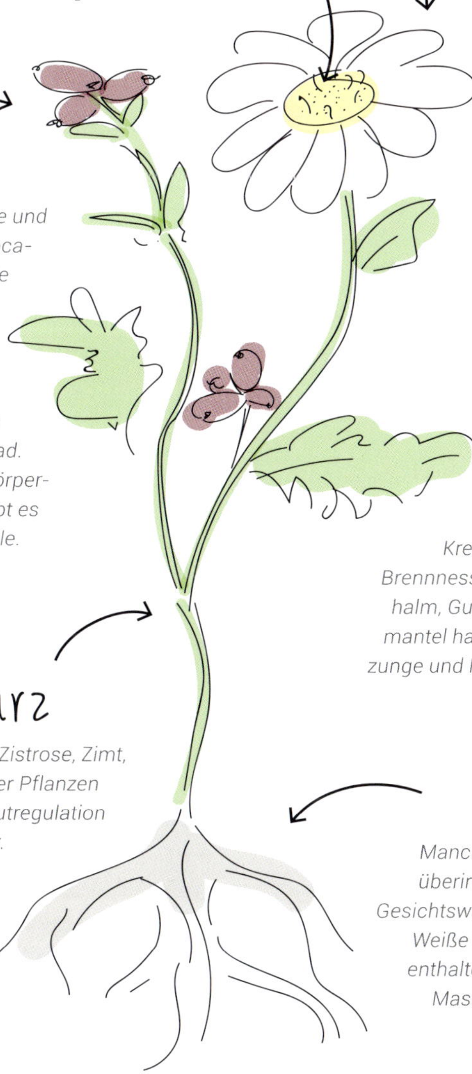

Früchte

Tomate, Banane, Erdbeere, Zitrone und Orange, Gurke, Apfel, Melone, Avocado, Olive und ihr Öl, Pfirsich, Quitte und Schlehe ergeben gute Gesichtsmasken und sind das Grundgerüst für Emulsionen und Cremen. Mandeln und ihr Öl sind ein Erfolgsmodell. Aprikosen passen hervorragend in ein Vollbad. Aus Pistazien entsteht veganer Körperpuder. Die Kerne vieler Früchte gibt es im Handel als hochwertige Hautöle.

Blätter

Goldrute beruhigt die Haut, Buchsbaum liefert ein haarstärkendes Mittel. Ehrenpreis, Salbei, Kresse, Löwenzahn, Rosmarin, Wegerich, Brennnessel und Ulmenblätter, Ackerschachtelhalm, Gundelrebe, Walnussblätter und Frauenmantel haben straffende Kompetenzen. Hundszunge und Majoran sind gut für das Haar, ebenso Jakobsleiter.

Stängel und Harz

Lemongras, Lavendel, Rosmarin, Zistrose, Zimt, Ulme – Stängel und Rinden einiger Pflanzen liefern Harze und Schleim zur Hautregulation und für die Herstellung von Puder.

Wurzeln

Manche unterirdischen Pflanzenteile haben überirdische Eigenschaften, Meerrettich als Gesichtswasser, Kartoffeln für den faltigen Hals. Weiße Lilie, Schwertlilie, Eibisch und Kalmus enthalten schleimige und duftende Stoffe für Masken, Cremen und Puder. Karotten sind bester Sonnenschutz.

Konsistenzgeber

Hafer: Unterstützt die Hautregeneration, wirkt hautberuhigend, wundheilend und juckreizstillend. Wird sehr gut von Kindern und Menschen mit sensibler Haut vertragen und kann auch bei Neurodermitis, Psoriasis und Ekzemen verwendet werden.
Pektin: Kommt in natürlicher Form in zahlreichen Früchten wie Orange, Zitrone oder Apfel vor. Es bindet Giftstoffe, verbessert die Konsistenz von Zubereitungen und spendet Feuchtigkeit.
Stärke: Aus Mais, Reis oder Kartoffeln, ist mild zur Haut und hat eine sanft reinigende Wirkung.

Lavaerde

Lavaerde (Wascherde, Ghassoul, Rhassoul) ist eine in Nordafrika vorkommende Erdart mit waschaktiven Eigenschaften. Sie wird in vielen Regionen der Welt als Shampoo-Ersatz verwendet, darüber hinaus kann sie auch als Zahnreinigungsmittel und in der Gesichts- und Körperreinigung eingesetzt werden. Wird in Bioläden, Drogeriemärkten und Apotheken angeboten.

Milch

Für die natürliche Hautpflege eignen sich vegane Milcharten wie Mandel-, Hafer-, Soja- oder Dinkelmilch. Besonders reichhaltig und hautpflegend ist Kokosmilch. Sie wirkt hautberuhigend, kühlend, feuchtigkeitsspendend, elastizitätserhöhend und bietet eine ideale Pflege für Menschen mit rissiger, irritierter und empfindlicher Haut.

Natron

Natron (Natriumbicarbonat, Natriumhydrogencarbonat) ist ein natürliches Backtriebmittel in Lebensmittelqualität. Im alten Ägypten wurde es als Stoff göttlichen Ursprungs geehrt und fand Anwendung in zahlreichen Arzneien. Natron desodoriert, konserviert, hemmt Pilze und Bakterien und bindet Feuchtigkeit. Mit seiner desinfizierenden, entgiftenden, wundheilenden, säurehemmenden und entzündungshemmenden Wirkung eignet es sich zur Herstellung von Deodorants, Bädern, Shampoos, Zahnpflege, als Hautcremen oder für basische Kuren.

Salz

Natursalze sind komplex zusammengesetzt und enthalten über 80 verschiedene Spurenelemente mit gesundheitsfördernder Wirkung für den menschlichen Körper. Salz ist leicht basisch, wirkt mineralisierend, desinfiziert, bindet überschüssige Feuchtigkeit und schlechte Gerüche. Es eignet sich zur Herstellung natürlicher Zahnpflegemittel und Deodorants. Verwendet werden nur Vollsalze, gereinigtes Tafelsalz eignet sich nicht zur Herstellung von Hautpflegeprodukten.

Shampoos & Waschtenside

Zur Herstellung der Rezepte im Buch können vegane und biologische Shampoos aus dem Handel verwendet werden. Vor dem Kauf solltest du die INCI (Inhaltsstofflisten) genau lesen. Hilfreich sind auch kostenlose Smartphone-APPS (z. B. Codecheck oder ToxFoX) zur Erkennung der Problemstoffe in Kosmetika. Diese Stoffe solltest du vermeiden: Sodium Laureth Sulfate, Sodium Lauryl Sulfate, Ammonium Lauryl Sulfate, die eine Reihe an Hautproblematiken wie Schuppen, schnelles Nachfetten der Haare, trockene Haut, Juckreiz oder Rötungen hervorrufen können. Darüber hinaus sollten Parabene, Mineralöle, Silikone, EDTA oder künstliche Duftstoffe ebenfalls vermieden werden. Hochwertige Shampoos bieten Bioläden, vegane Supermärkte oder Drogeriemärkte. Im Internet findest du Basis-Tenside wie Coco Glucoside, Lauryl Glucoside oder Sodium Cocoyl Hydrolyzed Wheat Protein. Diese sind besonders sanft zur Haut und können als Shampoos, Duschgels und Flüssigseifen verwendet werden.

Titan- und Zinkoxid

Sind natürliche Mineralien mit entzündungshemmenden, zusammenziehenden, antiseptischen, hautberuhigenden, wundheilenden, UV-schützenden und desodorierenden Eigenschaften. Sie werden vor allem in Deodorants und Sonnenschutzmitteln verwendet.

Öle

Das Angebot an hochwertigen Ölen zur Pflege der Haut ist sehr groß. Es können natürliche und pflegende Öle in Lebensmittelqualität verwendet werden wie:

» **Distelöl:** *Ist ein leichtes, rückfettendes Öl und eignet sich zur Pflege entzündeter und fetter Haut. Zieht schnell in die Haut ein, wirkt mattierend, entzündungshemmend und unterstützt die Regulationsmechanismen der Haut.*

Ein Überblick hautpflegender Öle

- **Hanföl:** *Wertvolles Öl für Problemhaut. Fördert die Zellneubildung, stärkt die Widerstandskraft der Haut und unterstützt die Hautregeneration. Macht die Haut glatt und weich, wird bei Akne, Entzündungen, Ekzemen, Neurodermitis, Psoriasis und Hautirritationen verwendet.*
- **Haselnussöl:** *Hautglättendes Basisöl für empfindliche, trockene, reife oder fahle Haut, strafft und festigt das Gewebe, fördert die Durchblutung, zieht langsam in die Haut ein.*
- **Leinöl:** *Mattierendes Öl, Basisöl für fette Haut. Wird bei Akne und Hautentzündungen eingesetzt.*
- **Kürbiskernöl:** *Reichhaltiges Öl für trockene, reife, rissige Haut, erhöht die Elastizität der Haut, wirkt pflegend, krampflösend und entzündungshemmend, hat einen angenehmen Duft und Anti-Aging-Wirkung.*
- **Mandelöl:** *Sehr gute Hautverträglichkeit, wird auch in der Babypflege und bei empfindlicher Haut verwendet. Wirkt reizlindernd, feuchtigkeitsspendend und elastizitätserhöhend.*
- **Mohnöl:** *Leichtes Öl, zieht schnell in die Haut ein, verfeinert das Hautbild, macht die Haut samtig und hat eine gute Anti-Aging-Wirkung. Enthält Antioxidantien und eignet sich zur Pflege trockener, reifer Haut.*
- **Olivenöl:** *Hat einen hohen Gehalt an Antioxidantien, ungesättigten Fettsäuren und Vitamin E und kann die Zellalterung verzögern. Zieht langsam in die Haut ein und eignet sich besonders zur Pflege trockener Haut.*
- **Sonnenblumenöl:** *Leichtes Öl, universell einsetzbar für alle Hauttypen, zieht gut in die Haut ein, wird von alle Hauttypen sehr gut vertragen.*
- **Traubenkernöl:** *Rückfettendes Basisöl für alle Hauttypen, zieht ohne Fettglanz schnell ein, leicht tonisierende Eigenschaften, bewahrt die Elastizität und reguliert den Talgfluss.*

NÜTZLICHES ZUBEHÖR

Für die Rezepturen im Buch ist eine normale Küchenausstattung ausreichend:

» **Gefäße:** *hohe Arbeitsgefäße, Gläser mit Schraubverschluss, Gefäße mit Gießvorrichtung*

» **Zerkleinerer:** *Messer, Gewürzmühle, Pürierstab, Mixer*

» **Siebe:** *feine Siebe, Teefilter, Kaffeefilter*

» **Töpfe:** *Töpfe in verschiedenen Größen von 0,5–1 Liter*

» **Verpackung:** *Glasverpackung ist preiswert und kann lange verwendet werden. Passende Verpackung ist in Haushaltsabteilungen von Supermärkten, Apotheken oder im Spezialhandel erhältlich.*

» **Weiteres Zubehör:** *Schneidebrett, Waage, Trichter, Löffel*

GUTE HYGIENE

Sauberes Arbeiten ist das beste Konservierungsmittel bei der Herstellung von Hautpflege! Hände, Arbeitsflächen, Arbeitszubehör und Verpackung vor der Arbeit mit 40 %igem Alkohol desinfizieren. Vermeiden Sie den Kontakt zu den Innenflächen der Verpackung nach dem Desinfizieren.

Was ich dazu brauche

NO-EMU

Leichte Sprühlotionen ohne Emulgatoren

Shake it, Baby!

NO-EMUS: DIE ZUKUNFT DER KOSMETIK BEGINNT JETZT

Mit No-Emus beginnt eine grüne Revolution in der Kosmetik. No-Emu bedeutet NO zu EMUlgatoren, künstlichen Inhaltsstoffen und belastenden Hautchemikalien. Ein genial einfaches System stellt die Gesetzmäßigkeiten der Naturkosmetik auf den Kopf und weist einen völlig neuen Weg der Hautpflege. No-Emus sind vegan, haltbar und unwiderstehlich natürlich. Du kannst deine eigenen tierfreien Produkte selbst zubereiten – ganz einfach, ohne Chemie und belastende Zusätze.

No-Emus sind flüssige „Hautcremen“ zum Sprühen, die allein durch Bio-Muskelkraft emulgieren. Du schüttelst sie und sprühst den zarten Film auf die Haut. Und fertig: Deine Haut fühlt sich an wie vom Sonnentau geküsst.

Ein einziges No-Emu spart dir viele weitere Produkte: Du kannst es als Hautpflege, Gesichtswasser, Make-up-Entferner uvm. verwenden. Kann deine teure gekaufte Kosmetik das auch?

Adieu Chemie, Konservierungsstoffe und Parabene! Die bunten „Vögel“ sorgen selbst physikalisch dafür, dass sie lange haltbar bleiben. Und das, obwohl-oder-gerade-weil sie frisch sind. Konsum kann sich fatal auswirken: Gib kein Geld für Produkte aus, die dich, die Fische und die Erde krank machen. Glückliche Menschen konsumieren nicht, sondern machen ihre Kosmetik selbst. Sie reagieren nicht auf die Werbeaussagen der Kosmetikindustrie, die behauptet, nur mit Konsum, viel Geld und oft krank machenden Produkten schön sein zu können. Eine gute,

No-Emus umhüllen dich und deine Haut mit einem grünen Mantel der Natur. Das ist ein heilsamer Schritt, der dich gesünder und mitfühlender macht und dich wieder mit der Kraft der Natur verbindet.

wirkungsvolle und heilsame Kosmetik ist keine Frage des Geldes, sondern der Heilkraft der Natur. Und Mutter Natur versorgt alle ihre Kinder gut, unabhängig davon, wie viele finanzielle Ressourcen sie haben.

No-Emus sind ein Geschenk an alle Veganer, die tierfrei leben möchten. Natürlich kannst du No-Emus lieben, wenn du Vegetarier, Flexitarier, Raw, Frutarier oder Omnivore bist. Verwendest du No-Emus, verzichtest du bewusst auf tierische Produkte. Und jedes Mal, wenn du diese veganen Produkte aufträgst, schützt du das Leben und die Rechte der Tiere.

Das solltest du noch wissen:

No-Emus sind strahlend-bunt und super-heilsam. Aus der Farbpalette der Natur und Kräutern entsteht eine neue wundheilende, hautregenerierende und naturbelassene Grüne Kosmetik. In der Natur ist Farbe gleich Wirkung: Das grüne Chlorophyll regeneriert die Haut, die gelben Flavonoide wirken zellschützend, Rottöne antioxidativ und Anti-Aging. Kein Wunder, dass die No-Emus designed und modern aussehen, wenn sie die größte kreative Schöpferkraft, die Natur, zur Seite haben.

Die No-Emus im Buch sind in Austria geboren – nicht zu verwechseln mit Australien, wo Emus und Menschen kopfüber wachsen. Sie haben jedoch viel mit den australischen Emus gemeinsam, denn No-Emus sind bunte Vögel, verhalten sich wie in Down Under und stellen gerade die Kosmetik auf den Kopf. Im Kopfüberland ist der Emu-Vogel ein Nationalheiligtum, was die Aussies aber nicht davon abhält, in jüngster Zeit aus seinem Fett Kosmetika und Schönheitsmittel zu machen. Sie wissen nicht, was sie tun: Aborigines erzählen, Emu ist Earth Mother, die nährende Mutter Erde, und hat die Menschen hervorgebracht. Sie schuf einen Stern, auf dem Menschensamen wachsen und je nachdem, wie der Wind weht, sprießen daraus Frauen oder Männer. Wenn du also No-Emus verwendest, schützt du Mutter Erde und ganz sicher auch die Emus.

Der erste heilsame No-Emu entstand vor 1000 Jahren im Naturlaboratorium der Hildegard von Bingen. Die naturheilkundige Äbtissin beschrieb schon damals einen wundheilenden No-Emu: „Wenn jemand Geschwüre an seinem Körper hat oder verwundet wird, mische er reinen und guten Wein mit einem Drittel Baumöl." Hildegard erkannte als Erste die große Kraft der No-Emus und lässt heutige Pharmazeuten, Trendforscher und Kosmetikdesigner alt aussehen!

Siegrid Hirsch kennt so viele Pflanzen, dass sie darüber ein 2423 g kräuterschweres Buch schrieb. Als Göttin Freya begrünt sie seitdem die Landschaft und macht Geist und Seele wieder fruchtbar. Wer ihre Kräuterbibel durchblättert, wird darin eine Brutstätte für No-Emus finden. Sie keimen und sprießen aus vielen ihrer Rezepte hervor – ein wahrer grüner No-Emu-Garten sozusagen. Wie könnten No-Emus anders als genial sein, wenn Mutter Natur, Hildegard und Freya sie persönlich wachküssten?

Ich verrate dir etwas:
Schönheit kannst du nicht kaufen. Schönheit ist Natürlichkeit, Gesundheit und Lebensfreude. Wenn du also schön sein möchtest, sei lebendig.

Beautiful Girl
Aqua-vitale-Hautelixier
Guerilla-Gardening-Lotion
Wiesentau mit Honigklee

Blüten-und-Beeren-Lotion
Heillotion mit Johanniskraut
Summertime-Shake
Grüne Hauswurz-Heilsole

BEAUTIFUL GIRL

Erfrischende Frühlingslotion mit Veilchenblüten. Wirkt kühlend, desinfizierend und mattierend. Für eine schöne Haut und für alle, die sich wieder wie 17 fühlen wollen.

Zutaten für zwei Flaschen à 100 ml:

Für den Veilchen-Extrakt:

Ein 100-ml-Glas mit frischen Veilchen
50 ml Verjus oder Naturessig
50 ml Quellwasser

Für das Veilchenöl:

Ein 100-ml-Glas mit frischen Veilchen
10 Veilchenblätter
150 ml neutrales Öl

Veilchen

Zubereitung:

Veilchen-Extrakt:

1. Veilchen mit Wasser und Verjus im Mixer zerkleinern.
2. Über Nacht stehen lassen und den Veilchen-Extrakt durch einen Teefilter filtrieren.

Veilchenöl:

1. Alle Zutaten im Mixer zerkleinern.
2. Die Veilchen-Öl-Mischung in einen Topf füllen und aufkochen lassen.
3. Temperatur reduzieren und das Öl eine ½ Stunde auf kleinster Stufe sanft ziehen lassen.
4. Das Veilchenöl durch ein Feinsieb filtrieren.

Schüttellotion:

1. Veilchen-Extrakt und Veilchenöl in Zerstäuber- oder Spenderflaschen füllen.
2. Vor Gebrauch gut schütteln.

ANWENDUNG:
Auf die Haut sprühen, sanft verteilen und einziehen lassen. Kann auch als Deo, Gesichtswasser und Make-up-Entferner verwendet werden.

HALTBARKEIT:
6 Monate bei Zimmertemperatur.

AQUA-VITALE-HAUTELIXIER

Leichte Gesichtslotion, kann auch als Pflege für den gesamten Körper verwendet werden. Regenerierende Lotion mit Birkenwasser und Quitte für irritierte Haut. Kann bei Neurodermitis, Schuppenflechte, Psoriasis, Akne, Ekzemen und Entzündungen angewendet werden. Wirkt hautregenerierend und hautheilend.

Zutaten für zwei Flaschen à 100 ml:

Für das Quittenöl:

½ Quitte

200 ml neutrales Öl

Für das Birkenwasser:

*100 ml Birkenwasser**

¼ TL Natursalz

Quitte

**Birkenwasser ist Baumwasser aus dem Kreislauf der Birke und kann im Frühjahr vor dem Neuaustrieb gewonnen werden. Alternativ ungesüßtes Birkenwasser aus dem Handel oder Birkentee verwenden.*

Zubereitung:

Quittenöl

1. Quitte samt Schale und Kernen raspeln oder in kleine Stücke schneiden.
2. Die geraspelte Quitte und das Öl in einen Topf füllen und zum Kochen bringen.
3. 10 Minuten köcheln lassen, abdrehen und 1 Stunde stehen lassen.
4. Quittenöl durch ein Feinsieb filtrieren.

Birkenwasser

1. Birkenwasser und Salz vermischen.

Schüttellotion

1. Quittenöl und Birkenwasser in Spenderflaschen füllen.
2. Vor Gebrauch gut schütteln.

ANWENDUNG:
Auf die Haut sprühen, sanft verteilen und einziehen lassen. Kann auch als Deo, Gesichtswasser und Make-up-Entferner verwendet werden.

HALTBARKEIT:
3 Monate bei Zimmertemperatur.

GUERILLA-GARDENING-LOTION

Erfrischende, vitalisierende und straffende Lotion mit Gurke. Wirkt porenverkleinernd, hauttalgregulierend und mattierend. Ideale Pflege bei Akne, unreiner und fettiger Haut. Hilft verletzter Haut, sich schneller zu regenerieren, beruhigt Juckreiz und hat eine entzündungshemmende Wirkung. Sehr gutes Mittel bei Akne, Rötungen, Furunkeln, Seborrhoe, Ekzemen, Entzündungen, Verbrennungen, Sonnenbrand und bei Hautproblemen wie Neurodermitis und Schuppenflechte. Eignet sich auch als Zahnspray oder als natürlicher Zahnpasta-Ersatz.

Zutaten für eine Flasche à 200 ml:

Ein 100-ml-Glas mit fein geraspelter Bio-Gurke samt Schale

Schale einer ½ Bio-Zitrone

100 ml neutrales Öl

100 ml Mineralwasser

Prise Natursalz

Zubereitung:

1. Alle Zutaten in einen Topf füllen und zum Kochen bringen.
2. 5 Minuten köcheln lassen, abdrehen und eine ½ Stunde stehen lassen.
3. Die Masse durch ein Feinsieb filtrieren und in Spenderflaschen füllen.
4. Vor Gebrauch gut schütteln.

ANWENDUNG:
Auf die Haut sprühen, sanft verteilen und einziehen lassen. Kann auch als Zahnspray, Deo, Gesichtswasser und Make-up-Entferner verwendet werden.

HALTBARKEIT:
3 Monate bei Zimmertemperatur.

HEILLOTION MIT JOHANNISKRAUT

Heilsame Lotion als Notfallapotheke. Hilft bei Verbrennungen, Wunden, Ekzemen, Venenleiden, Krampfadern, schweren Beinen, Narben, Schwangerschaftsstreifen, Akne, Sonnenbrand und Irritationen.

Zutaten für zwei Flaschen à 100 ml:

Für das Johanniskrautöl:

Ein 100-ml-Glas mit frischen Johanniskrautblüten

100 ml neutrales Öl

Für den Rosskastanien-Extrakt:

1 EL pulverisierte Rosskastanien

150 ml Mineral- oder Quellwasser

Johanniskraut

Zubereitung:

Johanniskrautöl:

1. Johanniskraut mit Öl übergießen und auf eine sonnige Fensterbank stellen.
2. 2 Wochen stehen lassen und immer wieder schütteln, bis sich das Öl rot färbt.
3. Das Johanniskrautöl durch einen Teefilter filtrieren und in eine Flasche füllen.

Rosskastanien-Extrakt:

1. Rosskastanienpulver mit Wasser vermischen und 1 Stunde stehen lassen.
2. Den Extrakt durch einen Kaffeefilter filtrieren.

Schüttellotion:

1. Johanniskrautöl und Rosskastanien-Extrakt in Spenderflaschen füllen.
2. Vor Gebrauch gut schütteln.

ANWENDUNG:
Auf die Haut sprühen, sanft verteilen und einziehen lassen.

HALTBARKEIT:
2 Monate bei Zimmertemperatur.

WIESENTAU MIT HONIGKLEE

Duftende Lotion mit Steinklee und Frauenmantel. Spendet Feuchtigkeit, verbessert die Durchblutung der Haut und verfeinert das Hautbild. Wirkt entzündungshemmend, wundheilend, hautregenerierend, venenstärkend und antibakteriell.

Zutaten für zwei Flaschen à 150 ml:

Für das Steinkleeöl:

Ein 100-ml-Glas mit frischen Steinkleeblüten
150 ml neutrales Öl

Für den Frauenmantel-Extrakt:

10 Blätter Frauenmantel
200 ml Quellwasser
30 ml Wodka
1 TL Natursalz

Frauenmantel

Steinklee

Zubereitung:

Steinkleeöl:

1. Steinklee mit Öl übergießen und in einem Topf zum Kochen bringen.
2. Temperatur reduzieren und das Öl eine ½ Stunde auf kleinster Stufe sanft ziehen lassen.
3. Das Steinkleeöl durch ein Feinsieb filtrieren.

Frauenmantel-Extrakt:

1. Frauenmantel mit Wasser, Wodka und Salz im Mixer zerkleinern und den Extrakt durch einen Kaffeefilter filtrieren.

Schüttellotion:

1. Frauenmantel-Extrakt und Steinkleeöl in eine Spenderflasche füllen.
2. Vor Gebrauch gut schütteln.

ANWENDUNG:
Auf die Haut sprühen, sanft verteilen und einziehen lassen.
Kann auch als Venenspray verwendet werden.

HALTBARKEIT:
3 Monate bei Zimmertemperatur.

SUMMERTIME-SHAKE

Duftende, leichte und erfrischende sommerliche Lotion. Wirkt hautregenerierend, entzündungshemmend und desinfizierend.

Zutaten für zwei Flaschen à 100 ml:

Für das Sommeröl:

1 TL Sanddornbeeren
1 EL Ringelblumenblüten
1 TL Bio-Orangenschale, fein geraspelt
150 ml neutrales Öl

Für den Verbene-Extrakt:

10 Blätter Zitronenverbene
100 ml Quellwasser
¼ TL Salz

Ringelblume

Zubereitung:

Sommeröl:

1. Sanddornbeeren zerdrücken und die Ringelblumenblüten in kleine Stücke schneiden.
2. Sanddorn, Orangenschale, Ringelblumenblüten und Öl in einen Topf füllen.
3. Zum Kochen bringen, 5 Minuten köcheln lassen, abdrehen und 1 Stunde stehen lassen.
4. Öl durch ein Feinsieb filtrieren.

Verbene-Extrakt:

1. Zitronenverbene mit Wasser und Salz im Mixer zerkleinern und den Extrakt durch ein Teesieb filtrieren.

Schüttellotion:

1. Sommeröl und Verbene-Extrakt in die Spenderflaschen füllen.
2. Vor Gebrauch gut schütteln.

ANWENDUNG:
Auf die Haut sprühen, sanft verteilen und einziehen lassen.
Kann auch als Deo, Tonikum, Haarspitzenkur und Gesichtswasser verwendet werden.

HALTBARKEIT:
3 Monate bei Zimmertemperatur.

BLÜTEN-UND-BEEREN-LOTION

Leichte Pflege mit Rosen, Himbeeren und Malve für warme Tage. Wirkt feuchtigkeitsspendend, adstringierend und hautberuhigend.

Zutaten für zwei Flaschen à 100 ml:

Für das Malvenöl:

5 große Malvenblütenköpfe

150 ml neutrales Öl

Für den Blüten-und-Beeren-Extrakt:

2 EL Himbeeren

3–5 rote Duftrosen

30 ml Verjus oder Naturessig

100 ml Quellwasser

Malve

Zubereitung:

Malvenöl

1. Malven und Öl in einen Topf geben und mit dem Pürierstab mixen.
2. Zum Kochen bringen und 5 Minuten köcheln lassen.
3. Abdrehen, 1 Stunde stehen lassen und das Öl durch ein Feinsieb filtrieren.

Blüten-und-Beeren-Extrakt:

1. Rosenblüten abzupfen.
2. Himbeeren, Rosen, Verjus und Wasser mit dem Pürierstab mixen.
3. Den Extrakt durch einen Teefilter filtrieren.

Schüttellotion:

1. Malvenöl und Blüten-und-Beeren-Extrakt in eine Flasche füllen.
2. Vor Gebrauch gut schütteln.

ANWENDUNG:
Auf die Haut sprühen, sanft verteilen und einziehen lassen. Kann auch als Deo, Gesichtswasser und Tonikum verwendet werden.

HALTBARKEIT:
3 Monate bei Zimmertemperatur.

GRÜNE-HAUSWURZ-HEILSOLE

Wundheilende Lotion bei Verbrennungen, Zahnfleischbluten, Geschwüren, Wunden, Juckreiz, Akne, Hautinfektionen und rissiger Haut. Wirkt kühlend, abschwellend, hautregenerierend, zusammenziehend, blutstillend und hautberuhigend. Kann auch als Zahnpasta-Ersatz und als Zahnspray verwendet werden.

Zutaten für eine Flasche à 100 ml:

50 ml Traubenkernöl

Eine mittlere Hauswurz

Ein paar Blätter Wegerich, Hirtentäschel und Vogelmiere

100 ml Quellwasser

¼ TL Natursalz

Zubereitung:

1. Hauswurz und die restlichen Kräutern in kleine Stücke schneiden und mit Wasser und Salz im Mixer zerkleinern.
2. Den Extrakt durch ein Feinsieb filtrieren, mit dem Öl vermischen und in eine Zerstäuberflasche füllen.
3. Vor Gebrauch gut schütteln.

ANWENDUNG: Auf die Haut auftragen und sanft einmassieren. Als Zahnpasta-Ersatz 3 Mal in den Mund sprühen und die Mundschleimhäute gut benetzen, anschließend wie gewohnt die Zähne putzen. Als Zahnspray 3–5 Mal in den Mund sprühen und wie eine Mundspülung verwenden. HALTBARKEIT: 2 Monate bei Zimmertemperatur.

No-Emus
emulgieren allein
durch Bio-
Muskelkraft
Shake it!
Schüttle sie
und sprühe den
zarten Film auf
deine Haut

NATÜRLICHE REINIGUNG

von kopf bis fuß

„An meine Haut", so sagte vor etwa 120 Jahren der berühmte Naturheiler Friedrich Eduard Bilz, „lasse ich nur lauwarmes oder kaltes Wasser. Gesunde Haut braucht weder Seife noch Creme." Er wusste noch nichts von Umwelteinflüssen wie Feinstaub, von Partikeln, die als feinste Teilchen über eine ungeschützte Körperhülle in den Organismus gelangen. Die Haut altert dann schneller, sie bekommt frühzeitig Flecken und Falten. Wohl fühlst du dich nur mit reiner Haut. Natürliche Shampoos sind preiswert, sie sind sogar umweltfreundlich, wenn sie den Abfluss runtergespült werden – das Los jedes Reinigers.

Klare Haut braucht Sauberkeit. Heute wird generell viel zu viel gewaschen, geduscht und gebadet. Auch klares Wasser wird mit Oberflächenschmutz und abgestorbenen Hautzellen fertig. Verwendest du Seife – und mag sie noch so bio sein – hast du zwar ein frisches Gefühl, aber sie laugt die Haut aus. Gerade das Gesicht hat Sanfteres verdient.

Zwei Mal täglich

Egal was passiert, jeden Morgen und jeden Abend vor dem Schlafengehen ist die Reinigung der wichtigste Schritt deiner Hautpflege. Während du schläfst, arbeitet deine Haut für dich. Sie scheidet Stoffwechselprodukte aus und ist zusätzlich mit Wiederherstellung beschäftigt. Die ausgeschiedenen Stoffe werden durch die morgendliche Reinigung entfernt.

300.000 Talgdrüsen und zwei Millionen Schweißdrüsen auf deinen 1,8 m^2 Haut schaffen ihr Pensum wie eh und je. Den Wettlauf gegen Hautchemikalien, Dieselruß und Schwermetalle gewinnen sie heute nicht mehr alleine. Deshalb, und auch, weil du vielleicht Make-up trägst, ist abends die Hautreinigung eine Pflichtübung. Jede Reinigung fördert die Blutzirkulation, die Haut freut sich danach über gute Versorgung und kann ihren Säureschutzmantel schnell wieder aufbauen. Nur wenn die Haut sauber ist, funktionieren die Talgdrüsen richtig und es bildet sich die Hornschicht, die vor Umweltschäden schützt und die Feuchtigkeit in der Haut hält.

Rubbeln verboten

Wärme regt den Kreislauf an, deshalb befeuchte dein Gesicht mit warmem Wasser, das beschleunigt den Lymphfluss und damit die Entgiftung. Dann verteilst du sparsam deinen selbst gemachten Reiniger auf dem Gesicht. Mach dies mit nach außen gedrückten Fingern, nur mit den Handinnenflächen. Sanftes Pressen und Massieren ist völlig ausreichend. Abgestorbene Hautzellen, Fett und Schmutz sind jetzt an dein Shampoo gebunden. Durch das Abspülen mit warmem Wasser werden sie entfernt.

Die Haut um die Augen ist die dünnste des Körpers, wende besondere Sorgfalt an. Zum Abschluss kommt eine kühle Kompresse auf das Gesicht. Kaltes Wasser tut richtig gut. Es hat die richtige Temperatur, wenn es für die Hände bereits zu kalt ist. Den Körper kannst du mit einem Handschuh bearbeiten, was du beim Gesicht tunlichst vermeidest.

EIN Reinigungsmittel für den ganzen Körper ist ausreichend.

Hafer und Mandeln – leuchtende Schönheit

Nichts spricht gegen den Griff in den Küchenschrank, zu Hafermehl oder Mandelmehl, schon die Mutter meiner Mutter hatte dadurch klare Haut. Im Gegenteil, es entspricht ganz den Grundsätzen unserer veganen Kosmetik: Selbstversorgung und Regionalität, Einfachheit und Umweltfreundlichkeit.

So geht es:

1. Hafermehl mit Wasser anrühren und auf der Haut verteilen.
2. Den Brei 15 Minuten einwirken lassen, dann mit viel Wasser abwaschen. Genauso funktioniert es mit Mandelmehl (die Mandelkleie gibt es bereits seit 100 Jahren in den Apotheken).
3. Danach die Haut trocken tupfen, reiben und zerren verboten!

Noch ein Superreiniger

Der gute, alte Pfefferminztee hat es in sich. Er reinigt normale oder fettige Haut sehr, sehr tief. Du machst damit ein Gesichts-Dampfbad. Der duftende Nebel öffnet alle Poren und entspannt die Gesichtszüge. Ausprobieren und die verblüffende Wirkung selber testen!

So geht es:

1. 1 Handvoll Pfefferminze in eine Schüssel geben und mit kochendem Wasser übergießen.
2. Ein Handtuch über den Kopf legen und das Gesicht über die Schüssel beugen. Bis zu 10 Minuten ausharren – es tut auch der Seele gut.

Niemand muss heute hart verdientes Geld für Synthetiks ausgeben, wenn er mit selbst zubereiteter natürlicher Hautpflege seiner Liebe zur Schöpfung Ausdruck verleihen kann.

RED & VEGGIE-BIOSHAMPOO

Dieses Shampoo kann als Universalreinigungsmittel (Duschgel, Flüssigseife, Pflege im Intimbereich, Haarshampoo) verwendet werden. Es ist sanft zur Haut, spendet Feuchtigkeit und stärkt die Haare. Die antioxidativen, adstringierenden und antibakteriellen Wirkstoffe von Rose und Himbeeren regulieren die Talgproduktion, entgiften sanft die Kopfhaut und reduzieren die Schuppenbildung.

Zutaten für 2 Flaschen à 200 ml:

2 EL getrocknete Rosenblüten (duftend)
100 g Himbeeren
100 ml Wasser
1 EL Stärke (z. B. Kartoffel-, Reis-, Pfeilwurzelmehl)
*200 ml Shampoo**

Zubereitung:

1. Rosenblüten, Himbeeren und Wasser in einen Topf füllen und mit dem Pürierstab mixen.
2. Zum Kochen bringen, 10 Minuten köcheln lassen und durch ein Feinsieb filtrieren.
3. Die Flüssigkeit erneut in einen Topf geben, Stärke zugeben und mit dem Pürierstab homogen mixen.
4. Unter ständigem Rühren zum Kochen bringen, bis die Masse eindickt.
5. Abdrehen, mit dem Shampoo vermischen und in Flaschen füllen.

**Als Shampoo eignen sich vegane Bio-Shampoos aus dem Handel. Weitere Informationen siehe Liste der veganen Inhaltsstoffe.*

ANWENDUNG:
4 in 1: Haarshampoo, Duschgel, Flüssigseife, Intimpflege. Für Kinder und Menschen mit sensibler Haut geeignet. Das Shampoo auf die nasse Haut bzw. feuchten Haare auftragen, gut verteilen und einmassieren. Kurz einwirken lassen, anschließend mit Wasser abspülen.

HALTBARKEIT:
3 Monate bei Zimmertemperatur.

ANWENDUNG:
3 in 1: Haarshampoo, Duschgel, Flüssigseife. Für Kinder und Menschen mit sensibler Haut geeignet. Das Shampoo auf die nasse Haut bzw. feuchten Haare auftragen, gut verteilen und einmassieren. Kurz einwirken lassen, anschließend mit Wasser abspülen.

HALTBARKEIT:
1 Monat bei Zimmertemperatur.

STERNMIERE-HEILSHAMPOO

Mildes Haarshampoo mit der heilsamen Sternmiere. Kann auch als Duschgel und Flüssigseife verwendet werden. Unterstützt die Regeneration verletzter Haut bei Neurodermitis, Psoriasis, Juckreiz, Schuppen und Ekzemen.

Zutaten für 3 Flaschen à 200 ml:

Eine Handvoll Sternmiere (Vogelmiere)

150 ml Kokosmilch

30 g pulverisierte Haferflocken

200 ml Wasser

1 TL Natursalz

*300 ml Shampoo**

Zubereitung:

1. Sternmiere waschen und in kleine Stücke schneiden.
2. Die zerkleinerten Pflanzenteile, Wasser, Kokosmilch und Salz mit dem Pürierstab gut mixen.
3. Zum Kochen bringen und 5 Minuten sanft köcheln lassen.
4. Den Sternmiere-Extrakt durch ein Feinsieb filtrieren und erneut in einen Topf geben.
5. Haferflocken zugeben und mit dem Schneebesen homogen einrühren.
6. Unter ständigem Rühren köcheln lassen, bis die Masse eindickt.
7. Mit dem Shampoo vermischen und in Flaschen füllen.

**Als Shampoo eignen sich vegane Bio-Shampoos aus dem Handel. Weitere Informationen siehe Liste der veganen Inhaltsstoffe.*

LATTE-MACCHIATO-MILCHSHAMPOO

Durchblutungsförderndes Naturshampoo, kann auch als Duschgel und Flüssigseife verwendet werden. Es aktiviert die Kopfhaut, reguliert die Talgproduktion und verbessert die Kämmbarkeit der Haare.

Zutaten für 2 Flaschen à 200 ml:

150 ml Kokosmilch

30 g Instantkaffee

30 ml Rum

Eine Prise Zimt

1 EL Apfelpektin

*200 ml Shampoo**

Zubereitung:

1. Alle Zutaten bis auf das Shampoo in ein Gefäß füllen und mit dem Pürierstab homogen mixen.
2. Shampoo zugeben und in Flaschen füllen.

ANWENDUNG: 3 in 1: Haarshampoo, Duschgel, Flüssigseife. Das Shampoo auf die nasse Haut bzw. feuchten Haare auftragen, gut verteilen und einmassieren. Kurz einwirken lassen, anschließend mit Wasser abspülen. HALTBARKEIT: 3 Monate bei Zimmertemperatur.

**Als Shampoo eignen sich vegane Bio-Shampoos aus dem Handel. Weitere Informationen siehe Liste der veganen Inhaltsstoffe.*

KÄRNTNER-BROT-TROCKENSHAMPOO

Sanfter Shampoo- und Duschgelersatz für Kinder und Erwachsene bei irritierter, schuppiger, geröteter, juckender oder trockener Kopfhaut. Kann auch bei Hautproblematiken wie Ekzemen, Neurodermitis, Akne, Psoriasis oder Entzündungen angewendet werden.

Zutaten für 3 Anwendungen:

150 g Buchweizenmehl (alternativ Roggen-Vollkornmehl)

Je ½ TL Koriander, Anis und Kümmel

1 TL Steinsalz

Zubereitung:

1. Alle trockenen Zutaten im Mixer pulverisieren und in einem Gefäß verschlossen aufbewahren.

ANWENDUNG: 3 in 1: Haarshampoo, Duschgel und Handreinigung. Für Kinder und Menschen mit sensibler Haut geeignet. 50 g der trockenen Mischung mit ca. 100 ml lauwarmem konzentriertem Kräutertee auf eine Shampoo-Konsistenz vermischen. 15 Minuten quellen lassen, dann das Shampoo verwenden. Auf die nasse Haut bzw. feuchten Haare auftragen, gut verteilen und einmassieren. 5 Minuten einwirken lassen, anschließend gut mit Wasser abspülen. Bei Bedarf eine Pflege auftragen.
HALTBARKEIT: In trockenem Zustand unbegrenzt haltbar.

BIOSHAMPOO MIT ROSSKASTANIEN

Sanfte Shampoo-Alternative, universell anwendbar als Shampoo, Duschgel und Flüssigseife. Hilft bei irritierter Haut, Kopfhautschuppen, Juckreiz und reguliert die Talgproduktion bei trockenen oder fettigen Haaren. Macht die Haare weich, füllig, glänzend und gut kämmbar.

Zutaten für 1–2 Anwendungen:

10 frische Rosskastanien

Eine 100-ml-Tasse mit frischen duftenden Kräutern (Kamille, Rosmarin, Lavendel etc.)

300 ml Wasser

1 EL Apfelpektin

Zubereitung:

1. Rosskastanien in kleine Stücke schneiden.
2. Die klein geschnittenen Rosskastanien, die frischen Kräuter und das Wasser in den Mixer geben. Fein mixen, bis die Flüssigkeit zu schäumen beginnt.
3. 1–2 Stunden stehen lassen, anschließend den Rosskastanien-Extrakt durch ein Feinsieb filtrieren.
4. Apfelpektin zugeben und mit dem Pürierstab homogen mischen. Sofort verwenden oder in eine Flasche füllen.

ANWENDUNG:
3 in 1: Haarshampoo, Duschgel, Flüssigseife. Für Kinder und Menschen mit sensibler Haut geeignet. Das Naturshampoo auf die nasse Haut bzw. feuchten Haare auftragen, gut verteilen und einmassieren. 5 Minuten einwirken lassen, anschließend gut mit Wasser abspülen. Kontakt des Shampoos mit den Augen vermeiden. Bei Bedarf eine Pflege auftragen.

HALTBARKEIT:
3 Tage bei Zimmertemperatur

BITTE BEACHTEN:
Haarpflegeprodukte im Handel können Silikone, Wachse oder Volumenhilfen enthalten, die sich in der Haarstruktur einlagern. Diese setzen die Reinigungskraft natürlicher Shampoos herab und brauchen einige Haarwäschen, um aus dem Haar ausgespült zu werden. Wenn Sie Ihre Haare natürlich waschen möchten, ist es empfehlenswert, in der Übergangsphase 50 g Lavaerde oder 50 g Shampoobasis zum Rezept zuzugeben.

ANWENDUNG:
4 in 1: Haarshampoo, Duschgel, Flüssigseife, Intimpflege. Für Kinder und Menschen mit sensibler Haut geeignet. Das Shampoo auf die nasse Haut bzw. feuchten Haare auftragen, gut verteilen und einmassieren. Kurz einwirken lassen, anschließend mit Wasser abspülen.

HALTBARKEIT:
1 Monat bei Zimmertemperatur.

ORANGE-MANGO-FRUCHTSHAMPOO

Duftende Universalreinigung für Kinder und Erwachsene. Kann als Duschgel, Flüssigseife und Haarshampoo verwendet werden. Nährt die Haare und macht sie kämmbar und glänzend.

Zutaten für 2 Flaschen à 200 ml:

1 Bio-Orange

1 reife Mango

1 EL Öl

150 ml Orangensaft

*300 ml Shampoo**

Zubereitung:

1. Orange waschen und samt Schale in kleine Stücke schneiden. Mit Öl und Orangensaft in den Mixer geben und pürieren, anschließend die Flüssigkeit durch ein Sieb auspressen.
2. Mango aus der Schale lösen und in Stücke schneiden.
3. Den ausgepressten Orangensaft und die Mango in den Mixer geben und fein pürieren.
4. Mit dem Shampoo vermischen und in Flaschen füllen.

**Als Shampoo eignen sich vegane Bio-Shampoos aus dem Handel. Weitere Informationen siehe Liste der veganen Inhaltsstoffe.*

SPICY & DRY-NATURSHAMPOO

Kann als Haar-, Gesichts- und Körperreinigung verwendet werden. Fördert die Durchblutung der Kopfhaut, wirkt desinfizierend und reinigt sanft die Haare. Eignet sich als Trockenshampoo für Reisen.

Zutaten für ca. 5 Anwendungen:

100 g Lavaerde (Ghassoul, Rhassoul)

100 g Kichererbsenmehl

50 g Kokosmilchpulver

2 EL pulverisierte Gewürze wie Muskat, Kardamom, Zimt, Gewürznelken, Tonkabohnen

Zubereitung:

1. Alle Komponenten in den Mixer füllen, pulverisieren und gut miteinander mischen.

ANWENDUNG: 3 in 1: Haarshampoo, Duschpulver, Trockenseife. 50 g der Mischung mit 50–100 ml warmen Kräutertees, Fruchtsäften oder Kaffee mischen und eine ½ Stunde quellen lassen. Die Konsistenz soll halbflüssig sein und sich gut verteilen lassen. Das Shampoo auf die nasse Haut bzw. feuchten Haare auftragen, verteilen und einmassieren. 5 Minuten einwirken lassen, anschließend mit Wasser abspülen. Bei Bedarf eine Pflege auftragen.

HALTBARKEIT:
Unbegrenzt bei Zimmertemperatur.

WURZELWERK-NATURSHAMPOO

Intensives Haarshampoo zur Verbesserung der Haarstruktur. Aktiviert die Haarwurzeln, entgiftet die Kopfhaut, verbessert die Durchblutung der Kapillaren, nährt die Haare mit Kieselsäure, regt gesundes Haarwachstum an und reduziert die Talgproduktion.

Zutaten für 2 Anwendungen:

Je ein 50-ml-Glas mit frischen und klein geschnittenen Beinwell-, Kletten- und Brennnesselwurzeln

100 ml Wodka

100 ml Wasser

1 TL Natursalz

1 EL neutrales Öl

100 g Lavaerde

Zubereitung:

1. Alle Zutaten bis auf die Lavaerde in ein Glas füllen und 1 Woche stehen lassen.
2. Immer wieder schütteln, anschließend den Wurzelextrakt durch ein Feinsieb filtrieren.
3. Mit Lavaerde vermischen und auf eine cremige Konsistenz homogen rühren.
4. Das Shampoo abfüllen und verschlossen aufbewahren.

ANWENDUNG: Das Intensiv-Haarshampoo auf die nassen Haare auftragen, gut verteilen und in die Kopfhaut einmassieren. Kurz einwirken lassen und mit Wasser ausspülen.
HALTBARKEIT: 3 Monate bei Zimmertemperatur.

Immer mehr Menschen verzichten ganz auf Shampoos und waschen ihre Haare nur mit Wasser. Klingt unglaubwürdig, doch das Prinzip ist einfach erklärt.

WASSER ONLY – „URSHAMPOO"

Shampoos mit waschaktiven Tensiden entfetten stark das Haar, worauf die Haarwurzeln mit Nachfetten des Haars reagieren. Je intensiver die Pflege und je kürzer die Abstände zwischen die Haarwäschen, umso schneller und intensiver die Talgproduktion. Werden chemische Shampoos jedoch weggelassen und das Haar mit Wasser gewaschen, reduziert sich allmählich die Talgproduktion und die Haare fetten weniger nach.

Doch wohin mit dem Talg in der Umstellungsphase?

Er wird durch intensives Bürsten vom Haaransatz bis zu den Spitzen gleichmäßig verteilt. Das Bürsten der Haare pflegt und reinigt das Haar: Dabei wird die Kopfhaut massiert, die Durchblutung angekurbelt und das gesunde Haarwachstum angeregt. Zum Bürsten der Haare wird eine Naturbürste aus Holz oder Sisal verwendet. Die Haare müssen täglich in alle Richtungen gebürstet werden – nach hinten, vorne, links und rechts. Die Bürstenstriche setzen am Haaransatz an und werden mit sanftem Druck über die ganze Kopfhaut bis zu den Haarspitzen durchgeführt. Als Regel gilt 100 Bürstenstriche, gleichmäßig auf alle vier Richtungen verteilt. Durch die Umverteilung des Talgs werden die Haare gepflegt und brauchen nur mehr Wasser zur Reinignung. Die Umstellungsphase ist unterschiedlich lang und vom Bürsten, der Haarbeschaffenheit und Haarlänge abhängig. Sie dauert in der Regel mehrere Wochen. Während dieser Phase kann bei starkem Nachfetten des Haars Stärke (Kartoffel-, Mais- oder Reisstärke) aufgetragen werden. Auf die Kopfhaut verteilt, saugt Stärke das überschüssige Fett auf und die Haare können so besser gereinigt werden. Die Stärke wird nicht ausgewaschen, sondern im Freien oder in der Badewanne abgebürstet, bis sie vollständig entfernt ist. Eine weitere Entfettungsmethode während der Umstellung sind Kräutertees. Schwarzer Tee, Salbei oder Rosmarin enthalten Gerbstoffe, die zusammenziehend wirken und Talg sanft abtragen. 1 Liter Tee wird in die Haare einmassiert, anschließend die Haare noch nass durchgebürstet und mit Wasser nachgespült.

Nach und nach reduziert sich die Talgproduktion und zum Reinigen der Haare ist Wasser ausreichend. Im Internet und auf YouTube gibt es zahlreiche Selbsterfahrungsberichte und Tipps.

Was für die Haare gut ist, liebt auch die ganze Haut.

Water only ist eine gesunde Pflege, um den gesamten Körper natürlich zu reinigen und von Toxinen zu befreien. Genauso wie beim Haar, bedarf die Haut einer Umstellungsphase, die allerdings kürzer ausfällt und in der Regel einen Monat dauert. In dieser Zeit wird die Haut nur mit Wasser gewaschen und regelmäßig mit einer Bürste oder einem Massagehandschuh massiert. Das regt die Durchblutung und die Entgiftung an.

Der Achselbereich kann in der Umstellungsphase mit 1 TL Salz, Natron oder Kräutertee gewaschen werden. Für den Intimbereich kann 1 TL Säure wie Zitronensaft oder Essig mit 200 ml Wasser vermischt verwendet werden.

SCHÖNE HAARE

... natürlich gepflegt

GOLDRUTE-GLANZ FÜR BLONDES HAAR

Der Haarspray verleiht blondem Haar strahlenden Glanz und vertieft die Farbe.

Zutaten für 1 Zerstäuber à 150 ml:

Eine 100-ml-Tasse frische oder 20 g getrocknete Goldrutenblüten

200 ml Wasser

20 ml Wodka

Zubereitung:

1. Goldrutenblüten mit kochendem Wasser überbrühen.
2. 20 Minuten ziehen lassen und den Goldruten-Extrakt durch einen Kaffeefilter filtrieren.
3. Mit Wodka vermischen und in eine Zerstäuberflasche füllen.

ANWENDUNG:
Nach dem Haarewaschen direkt das handtuchtrockene Haar großzügig besprühen und Substanz in das Haar einmassieren. Trocknen lassen und wie gewohnt frisieren.

HALTBARKEIT:
1 Monat bei Zimmertemperatur.

LAVENDEL-HAARFESTIGER

Für feine, dunkle Haare, gibt Volumen und macht die Haare gut frisierbar. Verhindert das schnelle Nachfetten und das Elektrisieren der Haare. Duftet angenehm und verbessert die Kämmbarkeit.

Zutaten für 1 Zerstäuber à 200 ml:

2 EL getrocknete Lavendelblüten

200 ml Bier

100 ml Wasser

Zubereitung:

1. Lavendelblüten zerkleinern.
2. Bier zum Kochen bringen und 10 Minuten köcheln lassen.
3. Wasser und Lavendelblüten zugeben und weitere 5 Minuten köcheln lassen.
4. Abdrehen und den Extrakt durch einen Kaffeefilter filtrieren.
5. Den fertigen Haarfestiger in eine Flasche füllen.

ANWENDUNG:
Vor dem Frisieren auf die sauberen Haare sprühen und diese wie gewohnt frisieren.

HALTBARKEIT:
3 Monate bei Zimmertemperatur.

BIRKENWASSER-HAARTONIKUM

Birkensaft ist ein Geheimmittel zur Stärkung der Haare und wird in der Volksmedizin vieler Länder bei Haarausfall, zur Tonisierung der Haare, bei Schuppen, Hautausschlägen, Ekzemen und Pilzen der Kopfhaut verwendet. Der Saft wird im Frühjahr vor dem Ausbrechen der Bäume gewonnen, kann aber auch im Handel gekauft werden.

Zutaten für 1 Flasche à 500 ml:

300 ml Birkenwasser

Eine Handvoll frische Brennnesseln

100 g Klettenwurzeln

300 ml hochprozentiger Rum

Zubereitung:

1. Brennnesselblätter und Klettenwurzeln in kleine Stücke schneiden.
2. Pflanzenteile in ein Einkochglas füllen.
3. Mit Birkenwasser und Rum übergießen.
4. 10 Tage warm und dunkel stehen lassen, immer wieder schütteln.
5. Durch ein Feinsieb filtrieren und in eine Zerstäuberflasche füllen.

ANWENDUNG: Das Haartonikum auf die Haarwurzeln sprühen und gut in die Kopfhaut einmassieren. Kann 2–3 Mal pro Woche angewendet werden.
HALTBARKEIT: 6 Monate bei Zimmertemperatur.

NATÜRLICHE ZAHNPFLEGE

Zähne zeigen!

Logischerweise isst du viel Obst und Gemüse, auch Trockenfrüchte. Manchmal Schokolade. Über Mundhygiene ist also nachzudenken. Im Mund beginnt die Verdauung deiner Nahrung, hier wird entschieden, wie die Biochemie innerhalb deines Körpers funktioniert. Herkömmliche Zahnpasta ist eine Chemiebombe, wann sie explodiert, weiß keiner. Ein paar Ausnahmen gibt es immer, aber du musst sie suchen. Der Verzicht auf Fluor, Vitamin A in schädlicher Dosierung, Tenside und Konservierungsstoffe ist für die sensible Mundschleimhaut, die so viel zu absorbieren hat, eine Wohltat.

Das Erste, was ich in den Heilpflanzen-Lehrgängen meines Kräutervereins lernte, noch vor der ersten Pflanzenbestimmung, war die Herstellung einer vernünftigen Zahnpasta.

Für weiße, gepflegte Zähne gibt es ein paar Wunderpflanzen. Die ganz normale Erdbeere gehört dazu. Erdbeersaft kommt dafür anstatt einer Paste auf die Zahnbürste, damit wird die obligaten drei Minuten geputzt. Leider haben Erdbeeren eine kurze Saison. Solange sie auf dem Speiseplan stehen, kann damit die Zahnpasta ersetzt werden. Ähnlich gut wirken Pfefferminze und Schlehe (Schwarzdorn). Sie pflegen und geben frischen Atem. Eine weitere bewährte Pflanze für die Mundpflege ist Salbei. Hin und wieder abgekühlter, ganz normaler Salbeitee als Mundspülung ist unverzichtbar (nicht nur bei Mandelentzündung, aber da auch!), denn er stärkt das Zahnfleisch und hat antibakterielle, zusammenziehende Eigenschaften. Bei Salbei solltest du den Tee nehmen, höchstens ein Hydrolat, das ätherische Salbeiöl ist ketonreich und mit Vorsicht zu genießen.

Andere ätherische Öle sind für eine Verdünnung zu Mundwasser besser geeignet, zum Beispiel die heimische Blutwurz (Tormentill), die bekannt gut wirkt, wenn sich Zähne zu lockern beginnen und das Zahnfleisch gestärkt werden soll.

Auch Myrrhe und Ringelblume sind gut zu Zähnen und Zahnfleisch. Wer meint, der Fencheltee helfe nur bei Blähungen, ist falsch informiert, er macht sich auch im Mund-Innenraum gut. Damit zu spülen und zu gurgeln ist eine Wohltat für die Schleimhäute.

Zahnbürsten sind praktisch immer vegan, sie bestehen aus Synthetik. Zahnseide ist zu fast 100 % aus Nylon und ebenfalls vegan, wenn auch nicht unbedingt natürlich. Aber es wäre nicht unsere fantastische Mutter Erde, wenn sie nicht auch eine Zahnbürste hätte wachsen lassen – sie sorgt in allen Lebenslagen für uns! Die „pflanzliche" Zahnbürste besteht aus den Zweigen und Wurzeln des Zahnbürstenbaums. Afrikanische und arabische Völker verwenden ihn bis heute für ihre Zahnpflege und haben oft ein erstaunlich weißes, kariesfreies Gebiss. Der „Miswak" setzt sich langsam auch bei uns durch. Ob es ökologisch vertretbar ist, einen Boom nach dem Wüstenbaum auszulösen, entscheide bitte selbst. Ich habe mich entschlossen, Salvadora persica, so der lateinische Name, als Kübelpflanze zu ziehen. Samen sind in Kräuterhandlungen bereits zu bekommen. Eine frostfreie Überwinterungsstelle muss allerdings vorhanden sein.

Die Herstellung der Zahnbürste daraus ist einfach. Ein Zweiglein am vorderen Ende von der Rinde befreien und so lange darauf herumkauen, bis eine Art Bürste entsteht. Dann das Bürstchen für ein, zwei Stunden in Wasser legen und mit einem Hammer weich klopfen. Wenn die Bürste abgenutzt erscheint, abschneiden und den Zweig weiter entrinden. So geht das fort, bis der Zweig aufgebraucht ist. Du erspart dir damit eine Zahnpasta, denn alles, was Zähne brauchen, befindet sich im Zweig- oder Wurzelstück.

ANWENDUNG:
¼ TL des Zahnpulvers im Mund verteilen und einspeicheln. Die Zähne wie gewohnt putzen.

HALTBARKEIT:
1 Jahr bei Zimmertemperatur.

HERBAL SWEETS

Dieses Zahnpulver besitzt gute antibakterielle Eigenschaften, wirkt entzündungshemmend und sorgt für frischen Atem. Der Birkenzucker kann auch durch Salz oder Natron ersetzt werden.

Zutaten für 2 Gläser à 30 g:

1 EL getrocknete Thymianblätter

1 EL frisch geraspelte Zitronenschale (Bio)

50 g Birkenzucker

Zubereitung:

1. Alle Zutaten im Mixer feinst pulverisieren und das Pulver in Gläser füllen.

Info: Birkenzucker oder Xylitol

Xylit hat eine herausragende Eigenschaft: Kariesbakterien werden durch den Zucker-Austauschstoff torpediert und sind nach dem Putzen um annähernd 90 % reduziert. Ein/e Zahnpulver/Creme/Spülung mit Xylit anzureichern ist kein Fehler. Xylit ist ein Zuckeralkohol, der in vielen Früchten, in Gräsern und vor allem in der Rinde von Bäumen vorkommt. Weil die Finnen mit ihren ausgedehnten Birkenwäldern Xylit schon sehr bald aus der Birkenrinde herstellten, setzte sich der Ausdruck „Birkenzucker" durch. Das, was wir heute im Sprachgebrauch „Birkenzucker" nennen, muss aber nicht unbedingt aus Birke extrahiert worden sein. Es kann sich auch um den Zuckeralkohol aus Buche oder aus abgerebelten Maiskolben handeln. Süßes für gesunde Zähne ist kein Widerspruch mehr – im Gegenteil.

BIO-ZAHNPASTA

Spendet frischen Atem, wirkt basisch, harmonisiert die Mundflora. Reinigt sanft und gründlich die Zähne.

Zutaten für 2 Gläser à 50 g:

Ein 100-ml-Glas mit Schlämmkreide

3 EL Pfefferminztee

2 EL neutrales Öl

1 TL Natursalz, Natron oder Birkenzucker

3 Tropfen ätherisches Öl

Zubereitung:

1. Alle trockenen Zutaten im Mixer pulverisieren.
2. Tee, Öl und ätherisches Öl zugeben und die Masse glatt verrühren, bis eine Zahnpasta ähnliche Konsistenz entsteht.
3. Sollte die Zahnpasta zu fest sein, etwas Pfefferminztee zugeben. Ist die Zahnpasta zu flüssig, kann noch etwas Schlämmkreide hinzugegeben werden.
4. Die Zahnpasta soll in vorher mit Alkohol desinfizierte Gläschen gefüllt werden. Beim Gebrauch einen sauberen Spatel verwenden.

ANWENDUNG: ½ TL Zahnpasta im Mund verteilen und die Zähne wie gewohnt putzen. HALTBARKEIT: 2 Monate bei Zimmertemperatur.

SÜSSES LECKERMÄULCHEN

Verleiht frischen Atem und schmeckt fruchtig-süß. Natürliche Zahnpflegealternative für Kinder und Erwachsene.

Zutaten für 3 Gläser à 50 ml:

50 g Kokosöl

2 EL Birkenzucker

2 EL Mineralwasser

2 EL Schlämmkreide

3 Tr. ätherisches Orangenöl

Zubereitung:

1. Birkenzucker pulverisieren und mit dem Wasser und ätherischem Öl mischen.
2. Alle Komponenten homogen vermischen und in Gläser füllen.

ANWENDUNG:
½ Teelöffel der Zahnpflege im Mund verteilen und einspeicheln. Anschließend Zähne wie gewohnt putzen.

HALTBARKEIT:
1 Jahr bei Zimmertemperatur.

BIRKENASCHE-ZAHNPULVER

Birkenasche ist ein altes Naturheilmittel zum Entgiften und Entsäuern des Körpers. Die Zahnasche mineralisiert die Zähne, wirkt basisch, blutstillend, entzündungshemmend, desinfizierend und wundheilend. Birkenasche kann durch Verbrennung von Birkenholz selbst produziert oder über Apotheken und Internet bezogen werden.

Zutaten für 1 Glas à 100 ml:

Ein 50-ml-Glas feine Birkenasche

2 EL getrocknete Rosen

½ TL Natursalz

Zubereitung:

1. Alle Zutaten im Mixer feinst pulverisieren und die Zahnasche in ein Glas füllen.

ANWENDUNG:
Die trockene Zahnbürste in das Pulver eintauchen und die Zähne wie gewohnt putzen.

HALTBARKEIT:
Unbegrenzt bei Zimmertemperatur.

ZAHNÖL MIT MINZE UND KARDAMOM

Mineralisiert die Zähne und bringt die Mundflora ins Gleichgewicht. Eignet sich als gesunde Zahnpasta-Alternative, zum Ölziehen oder zum Gurgeln bei Halsschmerzen.

Zutaten für 2 Fläschchen à 100 ml:

1 Bund frische Minze
2 EL grünes Kardamompulver
1 EL Wasser
250 ml neutrales Öl
1 gehäufter TL Natursalz

Zubereitung:

1. Minze waschen, abtropfen lassen und in kleine Stücke schneiden.
2. Das Kardamompulver mit Wasser benetzen und kurz ziehen lassen.
3. Alle Zutaten in einen Topf geben und mit dem Pürierstab gut mixen.
4. Die Kräuter-Öl-Mischung zum Kochen bringen.
5. Nach einmaligem Aufkochen Temperatur reduzieren und in der Resthitze eine ½ Stunde ziehen lassen.
6. Das Öl durch ein Feinsieb filtrieren und in Flaschen füllen.

Kardamom

ANWENDUNG:
1 TL des Zahnöls im Mund verteilen und wie bei einer Mundspülung ein paar Mal hin und her bewegen. Anschließend die Zähne wie gewohnt putzen. Das Öl eignet sich auch zum Ölziehen: Dazu 1 TL Öl im Mund verteilen und 10 Minuten lang durch die Zähne ziehen. Das Öl ausspucken und den Mundraum gut mit Wasser ausspülen, anschließend die Zähne putzen. Das Ölziehen entfernt Keime, reduziert Entzündungen und entgiftet den Mundraum.

HALTBARKEIT:
6 Monate bei Zimmertemperatur.

MÄDESÜSS-ZAHNPULVER

Die Blüten des Mädesüß haben eine zusammenziehende, desinfizierende, antibakterielle, wundheilende und basische Wirkung. Das Zahnpulver erfrischt und neutralisiert die Flora im Mundraum.

Zutaten für 3 Gläser à 30 g:

Ein 50-ml-Glas mit getrockneten und pulverisierten Mädesüßblüten

Ein 50-ml-Glas mit Schlämmkreide

1 TL Natursalz, Natron oder Birkenzucker

Zubereitung:

1. Alle Zutaten im Mixer feinst pulverisieren und das Pulver in Gläser füllen.

ANWENDUNG:
¼ TL des Zahnpulvers im Mund verteilen und einspeicheln.
Die Zähne wie gewohnt putzen.

HALTBARKEIT:
1 Jahr bei Zimmertemperatur.

Mädesüß

WEIHRAUCH-ZAHNÖL

Ein heilsames Zahnöl bei Zahnfleischbluten, Entzündungen, lockeren Zähnen, Parodontose, Aphten, Schmerzen und kleinen Wunden im Mundraum. Das Öl wirkt antibakteriell, reduziert Entzündungen und entgiftet die Schleimhäute. Eignet sich auch zum Ölziehen oder zum Gurgeln bei Halsschmerzen. Äußerliche Anwendung bei Wunden, Ekzemen, Schmerzen, Zerrungen, Hämorrhoiden, Verbrennungen möglich.

Zutaten für 1 Flasche à 250 ml:

100 g Weihrauch

1 Bund frischer Salbei

1 EL Natursalz

250 ml neutrales Öl

Zubereitung:

1. Salbei waschen, abtropfen lassen und in kleine Stücke schneiden.
2. Salbei, Öl und Salz in einen Topf geben und mit dem Pürierstab gut mixen.
3. Weihrauch pulverisieren und mit den weiteren Zutaten vermischen.
4. Das Zahnöl unter ständigem Rühren zum Kochen bringen.
5. Die Temperatur auf die kleinste Stufe reduzieren und das Öl 1 Stunde sanft ziehen lassen. Immer wieder umrühren.
6. Das Öl durch einen Teefilter filtrieren und in eine Flasche füllen.

ANWENDUNG:
1 TL des Zahnöls im Mund verteilen und wie bei einer Mundspülung ein paar Mal hin und her bewegen. Anschließend Zähne wie gewohnt putzen. Das Öl eignet sich auch zum Ölziehen: 1 EL Öl im Mund verteilen und 10 Minuten lang durch die Zähne ziehen. Das Öl ausspucken und den Mundraum gut mit Wasser ausspülen, anschließend die Zähne wie gewohnt putzen.

HALTBARKEIT:
1 Jahr bei Zimmertemperatur.

DETOX-DEOS

Frischer Duft!

Gedanken oder Gefühle kannst du beeinflussen. Deine Nase nicht. Sogar wenn du von dir selbst meinst, dein Geruchsempfinden sei schlecht ausgeprägt, weil du einfach die Abgase in der Stadt ausblendest, hast du immer noch die Fähigkeit, 50.000 verschiedene Gerüche wahrzunehmen. Duft gehört zu den wichtigsten Empfindungen für Menschen – im ersten Moment einer Begegnung mit einem anderen entscheidest du, ob du ihn „riechen" kannst oder nicht.

Ausscheidungsgerüche wie etwa Schweiß finden wir heute unzumutbar. Dabei ist Schwitzen lebensnotwendig. Über einen ½ Liter Schweiß scheidest du im Laufe eines Tages aus (Sportler über einen Liter pro Stunde), das meiste davon über die Füße. Sie haben eine ½ Million Schweißdrüsen. Bessere Detoxer gibt es nicht. Die Achselhöhlen, von denen fast jede Frau annimmt, sie benötigten besonders viel Deo, haben gerade ein Drittel davon. Das ist nicht weltbewegend, denn wie die Achseln haben auch Ellenbeugen ähnlich viele Schweißdrüsen und ich habe noch nie erlebt, dass sich jemand dort ein Deo aufgetragen hätte. Parfum ja, Deo nein.

Schweiß riecht nur nach dir selbst, nach Mensch und prinzipiell angenehm. Was stinken kann, ist zum Beispiel Buttersäure, die sich bildet, wenn der Schweiß durch Bakterien zersetzt wird. Gut riechen will praktisch jeder. Das beste Mittel dafür ist häufiges Waschen mit Wasser und ein wenig Duft des Lieblingsparfums. Du kannst die Achseln morgens und abends auch mit Kölnisch Wasser oder Franzbranntwein abreiben, so machten es die Leute bis vor etwa 70 Jahren, als das erste Deo (= Entriecher) auf den Markt kam. Noch früher gab es Blumendüfte, ausgezogen in Öl.

Die Volksheilkunde hat ein Hausmittel, das Achselschweiß ziemlich zuverlässig etwas reduziert. Die alten Bäuerinnen holten sich Rinde von Eichen-Brennholz. Etwa 1 kg Eichenrinde kam in 3 Liter kaltes Wasser. Dann wurde aufgekocht und mindestens eine ½ Stunde auf kleiner Flamme weitergeköchelt. Die Rindenabkochung seihten sie ab und stellten das Gefäß mit der Flüssigkeit in den Keller. Die ganze Familie musste sich jeden Abend bedienen und damit die Achseln waschen – so hatte die Bäuerin weniger Gestank in ihrer Stube. Das Hausmittel kennt man heute als wirksames Fußbad gegen Fußschweiß und als Sitzbad bei Frauenbeschwerden.

Deowerbung ist im Fernsehen allgegenwärtig – was immer wir sein wollen, kraftvoll und stark oder besonders weiblich und verführerisch – es wird uns versprochen. Eines bleibt auf der Strecke, der Gesundheitsnutzen. In vorauseilendem Gehorsam benützt (beinahe) jeder ein Deodorant. Damit wird der ureigene Geruch kaschiert, was schade ist.

Normalerweise bricht jeder Frau der kalte Schweiß aus, wenn sie auf ihr gewohntes Deo verzichten soll. Trotzdem schafften die meisten von uns den Umstieg – zu gravierend sind die Nachteile, die sich durch bedenkliche Schweißhemmer wie Aluminiumsalze und durch all die anderen Mitspieler wie Parabene u.v.m. ergeben. Viele Firmen haben umgestellt und verkaufen ihre Deos, die jetzt ohne Aluminium sind, in Aludosen – eigentlich ein Witz. Unterstützen willst du das wahrscheinlich nicht.

Ich persönlich mag Deopuder, das ist Maisstärke oder Natron, parfümiert mit ein paar Tropfen ätherischem Öl. Je nach Jahreszeit sind das Grapefruit oder Zitrone im Sommer, Rose, Erdbeere oder Maiglöckchen im Winter – oder das ätherische Öl, das ich gerade aufbrauchen will. Der Aufwand ist gleich Null, ebenso die Kosten. Wer viele Schwertlilien im Garten hat, trocknet und pulverisiert die ausgegrabenen Rhizome. Mit Maisstärke vermischt gibt das einen Duft nach Veilchen, der jeden umwirft.

GRÜNES DEO MIT CUCUMIS UND MENTHA

Erfrischend, desinfizierend, adstringierend, schweißhemmend und kühlend.

Zutaten für 1 Deo-Zerstäuber à 100 ml:

100 g Bio-Gurke

10 Minzblätter

50 ml Mineralwasser

1 TL Natursalz

Zubereitung:

1. Minzblätter mit Wasser übergießen und mit dem Pürierstab mixen.
2. Gurke samt Schale fein raspeln und mit dem Salz vermischen.
3. Alle Zutaten in ein Glas füllen.
4. Gut schütteln und 1 Stunde stehen lassen.
5. Die Flüssigkeit durch einen Teefilter filtrieren, den Rückstand gut auspressen.
6. Das Deo in eine Zerstäuberflasche füllen.

ANWENDUNG:
Nach dem Duschen oder bei Bedarf direkt unter den Arm sprühen. Kurz einziehen lassen, bei starkem Schweiß die Prozedur wiederholen.

HALTBARKEIT:
1 Monat bei Zimmertemperatur.

ANWENDUNG:
Nach dem Duschen oder bei Bedarf auf die leicht angefeuchtete Haut auftragen. Eine kleine Prise zwischen 2 Finger nehmen, auf der Handfläche verteilen und unter dem Arm auftragen. Alternativ kann ein kleiner Pinsel zum Auftragen verwendet werden.

HALTBARKEIT:
Unbegrenzt bei Zimmertemperatur.

NATURAL DEO-WONDER

Ein echter Smellkiller: Natron ist das einfachste und wirksamste Deodorant und bietet eine gesunde Alternative zum toxischen Aluminium. Wirkt gründlich und kann bereits vorhandene Gerüche neutralisieren. Besonders geeignet für sportlich aktive Menschen, Jugendliche, Frauen in den Wechseljahren und alle, die stark schwitzen. 100 g Natron im Badewasser wirkt wie ein Ganzkörper-Deo, hat eine gute Detox-Wirkung und entgiftet den Körper. In die Schuhe gestreut, wirkt Natron gegen unangenehme Gerüche. Gleichzeitig ist Natron sanft, schweißhemmend, bindet Feuchtigkeit und beruhigt irritierte Haut.

Zutat für 10 Anwendungen:

1 kleines Päckchen Natron aus der Backabteilung (15 g)

Zubereitung:

1. Die obere Ecke des Päckchens mit der Schere abschneiden ... und verwenden.

FRISCHES DEO MIT ZITRONENGRAS

Ein erfrischendes, kühlendes und desinfizierendes Deodorant für jeden Tag. Eignet sich auch als Gesichtswasser, verfeinert die Hautporen, wirkt entzündungshemmend bei Akne und verringert Hautunreinheiten.

Zutaten für 2 Deo-Zerstäuber à 100 ml:

3 Zitronengras-Stängel

100 ml Naturessig

150 ml Quellwasser oder Mineralwasser

Zubereitung:

1. Zitronengras in kleine Stücke schneiden.
2. Mit Essig übergießen und 1 Woche ziehen lassen. Immer wieder schütteln.
3. Den Zitronengras-Extrakt durch einen Kaffeefilter filtrieren, mit Wasser vermischen und in Zerstäuberflaschen füllen.

ANWENDUNG:
Nach dem Duschen oder bei Bedarf unter den Arm sprühen.

HALTBARKEIT:
3 Monate bei Zimmertemperatur.

KOKOS-NATURDEODORANT

Einfaches und lang haltbares Deodorant. Erfrischt, beruhigt irritierte Haut und pflegt den Achselbereich. Hilft auch gegen Fußschweiß.

Zutaten für 2 Gläser à 50 g:

50 g Kokosfett

30 g Natron

Zubereitung:

1. Natron mit Kokosöl homogen verrühren und in die Gläser füllen.

ANWENDUNG:
Nach dem Duschen oder bei Bedarf ¼ TL unter dem Arm auftragen.

HALTBARKEIT:
1 Jahr bei Zimmertemperatur.

Kokosfett

CHOCOLAT-DEOPRALINEN

Festes Deo für sensible Haut. Wirkt hautberuhigend, regenerierend und desinfizierend.

Zutaten für ca. 5 Deo-Pralinen:

100 g Kakaobutter

1 EL Natron

1 TL Wasser

3 Tropfen ätherisches Orangenöl

Zubereitung:

1. Natron mit Wasser und ätherischem Öl benetzen.
2. Kakaobutter schmelzen. Kurz stehen lassen, bis die Masse beginnt einzutrüben, dann das Natron unterrühren.
3. Das Deo in Pralinenförmchen füllen.
4. Kühl stellen, bis die Masse fest wird.

ANWENDUNG:
Nach dem Duschen oder bei Bedarf unter dem Arm auftragen.

HALTBARKEIT:
6 Monate bei Zimmertemperatur.

Deo-pralinen

ANWENDUNG:
Nach dem Duschen oder bei Bedarf eine kleine Prise zwischen 2 Finger nehmen, auf der Handfläche verteilen und unter dem Arm auftragen.

HALTBARKEIT:
Unbegrenzt bei Zimmertemperatur.

ANTI-STRESS-LAVENDEL-DEO

Stark gegen stressbedingten Schweiß, hilft bei angespannten Nerven, unterstützt die Entgiftung des Körpers, neutralisiert schlechte Gerüche und beruhigt irritierte Haut.

Zutaten für 1 Glas à 50 g:

1 EL getrocknete Lavendelblüten

3 EL Natron

Zubereitung:

1. Lavendel und Natron im Mixer feinst pulverisieren.
2. Durch ein Feinsieb filtrieren und in das Glas füllen.

BLÜTENDEODORANT MIT HYAZINTHE

Spendet einen feinen Frühlingsduft, desodoriert und erfrischt den Achselbereich.

Zutaten für 2 Deo-Zerstäuber à 100 ml:

1 Hyazinthen-Rispe mit Stängel

200 ml Wasser

2 TL Natron

Zubereitung:

1. Wasser abkochen und auskühlen lassen.
2. Die Hyazinthe mit den Blüten nach unten in ein hohes, schmales Gefäß stellen.
3. Das abgekühlte Wasser zugeben. Die Schnittstelle der Hyazinthe soll aus dem Wasser herausragen. Das Ende des Stängels in ein feuchtes Papier einwickeln.
4. Nach 3–6 Stunden die Hyazinthe herausnehmen.
5. Das Hyazinthe-Blütenwasser mit Natron vermischen, durch ein Feinsieb filtrieren und in Zerstäuberflaschen füllen.

ANWENDUNG:
Nach dem Duschen oder bei Bedarf unter den Arm sprühen.

HALTBARKEIT:
1 Monat bei Zimmertemperatur.

NATÜRLICH BADEN

plantsch ♡ plantsch!

„Die Unbedenklichkeit eines kosmetischen Produkts ist eine Frage des Preises, den der Auftraggeber zahlt", schreibt Jürgen Roth im Nachwort des Buches „Giftcocktail Körperpflege" von Marion Schimmelpfennig. Wenn du solche Bücher liest – und es gibt sie bereits seit vielen Jahren – kannst du fast nicht anders, als auf Selbstgemachtes auszuweichen. Wer seinen ökologischen Fußabdruck verringern will und der Erde noch eine Chance gibt, muss mit dem Selbertun beginnen! Weniger Supermarkt, mehr Balkon-Hochbeet und Urban gardening. Wenige Zutaten aus Haus, Garten und Landschaft – durchschlagender Erfolg, null Belastung für die Umwelt.

In einem Vollbad zur Ruhe zu kommen ist eines der angenehmsten Gefühle für Frauen. Entspannung ist dafür ein zu abgelutschtes Wort. Ein Bad reinigt Seele und Körper, genau in dieser Reihenfolge. Ein Bad ist ein Mittel zur Entgiftung. Wenn du dein Bad ritualisierst und dafür einen bestimmten Tag und Zeitpunkt wählst, stellt sich der Körper auf den Rhythmus ein und ist bereit für die Pflege.

Kräuter in der Wanne

Badezusätze aus dem Kräuterbereich sind wirksam und beliebt. Bei Kaufprodukten stehen sie groß auf dem Etikett, obwohl womöglich nur ein Atom davon durchgeschossen worden ist. Bäder mit Pflanzenextrakten schreiben seit Jahrtausenden Körpergeschichten, die noch lange nicht zu Ende ist.

Die Aprikose (Marille) zum Beispiel ist ein Belebungsmittel der Sonderklasse. Der Saft von ein paar Marillen kommt ins Badewasser – so einfach, so gut.

Viele Pflanzen, die du ohnehin in der Küche verwendest, ergeben exzellente Kräuterbäder. Kresse ist so ein Fall. Kresse wird etwa 10 Minuten gekocht, der Absud kommt ins warme Vollbad und strafft die Haut. Eine Handvoll Rosmarin regt an, du wirst komplett munter. In einem Lavendelbad verliert sich jedes Angstgefühl, es beruhigt Nerven und gestresste Haut. Zitronensaft im Badewasser stärkt die Haut, kleine Unreinheiten verschwinden. Detox ist eines der Hauptthemen der Kräuterbäder. Die Tees, die man dafür bereitet, machst du aus Melisse, Kamille, Eberraute, Thymian, Brennnessel oder Gundelrebe.

Es ist ohne Weiteres möglich, dafür getrockneten Pflanzen vom Vorjahr zu nehmen. Die Abkochung soll immer sehr stark sein, also 150 g getrocknete Kräuter auf 1 Liter Wasser (von frischen Kräutern nimmst du mehr). Mischungen sind jederzeit möglich und besonders mit Salz ein Vergnügen.

Duftend und angenehm wird ein Bad auch durch die Zugabe weniger Tropfen des ätherischen Lieblingsöls. Schaum? Wer braucht Schaum, der die Haut reizt?

HEILSAMES WALDBAD

Antibakterielles und wundheilendes Bad mit Wirkstoffen aus dem Wald. Empfehlenswert bei Hautentzündungen, Hautinfektionen, Erkältungszuständen, Atemwegserkrankungen und Husten.

Zutaten für ca. 5 Anwendungen:

150 g frische Nadeln von Tanne, Fichte, Lärche oder Kiefer

*Ein 200-ml-Glas mit frischen grünen Moosspitzen**

500 g Natursalz

Zubereitung:

1. Pflanzenteile in kleine Stücke schneiden und mit dem Salz im Mixer pulverisieren.
2. Durchsieben, die gröberen Pflanzenteile entfernen und das Salz in ein Glas füllen.

**Moosspitzen direkt im Wald oder auf der Wiese mit einer Schere abschneiden.*

ANWENDUNG:
Ca. 150 g der Mischung in das Badewasser geben und eine ½ Stunde darin baden.

HALTBARKEIT:
1 Jahr bei Zimmertemperatur.

KRÄUTERPRALINEN ZUM BADEN

Hautberuhigende und pflegende Badepralinen, auch für Kleinkinder geeignet.

Zutaten für ca. 20 Kräuterpralinen:

Je 20 g getrocknete Rosen-, Lavendel- und Kamillenblüten

100 ml Kokosmilchpulver

200 g Kakaobutter

50 g Natursalz

Zubereitung:

1. Kräuter, Salz und Kokosmilchpulver im Mixer feinst pulverisieren.
2. Durchsieben und die gröberen Pflanzenteile entfernen.
3. Kakaobutter in einem Topf erwärmen und die pulverisierten Komponenten unterheben.
4. In Pralinenförmchen füllen und kalt stellen, bis die Masse fest wird.
5. Die Kräuterpralinen ein Glas füllen und verschlossen aufbewahren.

ANWENDUNG: 1–3 Badepralinen im warmen Badewasser schmelzen lassen und darin baden.

HALTBARKEIT: 1 Jahr bei Zimmertemperatur.

BERUHIGENDES MEHLBAD BEI IRRITIERTER HAUT

Empfehlenswert für Kinder und Erwachsene mit sensibler Haut, bei Neurodermitis, Psoriasis oder Ekzemen. Wirkt hautberuhigend, juckreizmindernd, entzündungshemmend, erweichend, zellerneuernd und hautregenerierend.

Zutaten für 3 Anwendungen:

100 g Hafermark oder Haferflocken

100 g Natursalz

100 g Kokosmilchpulver

10 Tropfen ätherisches Rosenblütenöl

Zubereitung:

1. Alle Zutaten im Mixer pulverisieren und in ein Glas füllen.

ANWENDUNG:
100 g der Mischung zum Badewasser geben und eine ½ Stunde darin baden.

HALTBARKEIT:
1 Jahr bei Zimmertemperatur.

ANWENDUNG:
100 g Badesalz in das Badewasser geben.

HALTBARKEIT:
3 Monate bei Zimmertemperatur.

BADESALZ MIT HIMBEERE UND ZITRONE

Erfrischendes und anregendes Badesalz für Kinder und Erwachsene.

Zutaten für 4 Gläser à 200 g:

100 g Himbeeren

1 Bio-Zitrone

600 g grobes Natursalz

50 g neutrales Öl

Zubereitung:

1. Himbeeren in den Mixer geben und pürieren, anschließend das Mark durch ein Sieb streichen und von Kernen befreien. Das Mark mit der halben Öl- und Salzmenge vermischen.
2. Zitronenschale fein raspeln und mit 50 g Salz im Mixer pulverisieren. Den Saft der Zitrone auspressen und mit dem restlichen Öl und Salz vermischen.
3. Je 2 EL Himbeer- und Zitronensalz abwechselnd in Gläser schichten.

BASISCHES BAD MIT STEINKLEE

Entsäuerndes Bad, glättet und strafft die Haut, regt die Durchblutung an und hilft bei Venenschwäche, leitet Toxine aus dem Körper aus, macht die Haut weich und geschmeidig.

Zutaten für 5 Anwendungen:

100 g getrockneter Steinklee

200 g Natron

200 g Natursalz

Zubereitung:

1. Steinklee in kleine Stücke schneiden und im Mixer feinst pulverisieren. Durchsieben und die gröberen Pflanzenteile entfernen.
2. Alle Zutaten homogen vermischen.
3. In ein großes Glas füllen und bei Bedarf verwenden.

ANWENDUNG:
100 g der Steinklee-Mischung zum Badewasser geben und eine ½ Stunde darin baden. Während des Badens die Haut mit einer Bürste oder einem Massagehandschuh sanft peelen.

HALTBARKEIT:
Unbegrenzt bei Zimmertemperatur.

ZARTE LIPPEN

kiss ♡ kiss

Lippen sind die am intensivsten gepflegte Körperzone von Frauen. Raue Lippen fühlen sich kratzig an, kein Vergnügen, sie zu küssen, und geküsst wird natürlich gerne. Küssen regt die Durchblutung an, die Lippen erscheinen rot. Das kommt von den durch die sehr dünne Lippenhaut schimmernden Blutgefäßen.

In fast jeder Handtasche finden sich ein Lippenstift und ein Lipgloss, manchmal sind sie noch zusätzlich verteilt in diversen Jacken- und Manteltaschen: Das spricht Bände. Oft sind darin aber Paraffine, Silikone oder krebsverdächtige Farben enthalten. Je länger der Lippenstift hält, desto höher der Silikonanteil. Das ist deshalb kein beruhigender Aspekt, weil ein Großteil der Lippenpflege oder Farbe im eigenen Magen landet. UV-Filter, wie sie in regulären Pflegestiften vorkommen, können wie Hormone wirken. Man hat sie in der Muttermilch nachgewiesen, sie bleiben demnach nicht nur an der Oberfläche, wie von der Industrie behauptet wird.

Alternative zur herkömmlichen Lippenpflege

Von etlichen Paraffinen ist bekannt, dass sie sich im Lymphsystem, in Leber und Nieren ablagern. Diese Probleme hat man mit ausgewiesenen naturkosmetischen Lippenstiften nicht, auch wenn sie aus einem Laden stammen. Vegane Produkte sind gekennzeichnet.

Da sind Himbeer-, Johannisbeer- oder Erdbeerpulver schon besser. Es gibt sie in Lebensmittelqualität und wer sie nicht fertig bestellen möchte, trocknet die Früchte selbst, pulverisiert und vermischt sie mit ein paar Tropfen Olivenöl. Das pflegt und spendet – leider nicht lange – Farbe. Es gibt kleine Roll-Ons zu kaufen, in die du dieses Öl einfüllen kannst und die immer wieder verwendbar sind.

Sehr gut ist die Kombination von Kakaobutter und Rizinusöl (Verhältnis 2:1). Kakaobutter pflegt, Rizinus dichtet die Lippen ein wenig ab, das schützt, vor allem im Winter.

Junge Lippen

Selbst wenn er wenig spricht, macht jeder Mensch mit den Lippen etwa 15.000 Bewegungen am Tag, das hält sie jung. Bei einer so dünnen Haut, der noch dazu die Talgdrüsen fehlen, braucht es ein wenig fette Öle, um sie geschmeidig zu halten. Eine ständige Befeuchtung mit Speichel trocknet die Lippen zusätzlich aus. Alles, was du guten Gewissens über den Salat tust, nützt auch den zwei Blütenblättern in deinem Gesicht.

BIO & PUR-LIPSTICK

Gesunde Lippenpflege für schöne Lippen. Das Öl kann auf die Bedürfnisse der eigenen Haut abgestimmt werden. Als Basisöle für die Lippenpflege können Öle wie Sonnenblumen-, Mohn- oder Mandelöl verwendet werden, ebenso selbst angesetzte Blüten- und Kräuteröle wie Rose, Steinklee, Lavendel, Ringelblüten oder Melisse.

Zutaten für 1 Gläschen à 30 ml oder 3 Lipsticks:

30 ml neutrales Öl

*10 g Beerenwachs**

Zubereitung:

1. Die Komponenten in einen Topf geben und sanft erwärmen, bis das Wachs schmilzt. Gut verrühren.
2. Die Lippenpflege in Gläschen füllen und kühl stellen, bis sie fest wird.

ANWENDUNG:
Wie eine normale Lippenpflege anwenden.

HALTBARKEIT:
12 Monate bei Zimmertemperatur.

**Beerenwachs wird aus den Schalen des Lacksumachs (Rhus Verniciflua) gewonnen und kann im Internet oder über den kosmetischen Rohstoffhandel bezogen werden.*

TARTE-AU-CITRON-LIPGLOSS

Fruchtige Lippenpflege, wirkt durchblutungsfördernd, feuchtigkeitsspendend, hautanregend und verbessert die Elastizität der Haut.

Zutaten für 2 Gläschen à 30 ml:

50 ml Limoncello-Aloe-Öl (S. 128)

2 TL Agavensirup

1 TL fein geraspelte Schale einer Bio-Zitrone

Mark einer ½ Vanilleschote

20 g Beerenwachs

Zubereitung:

1. Alle Zutaten in einen Topf geben und bis unter die Siedetemperatur erwärmen.
2. Temperatur reduzieren und 1 Stunde auf kleinster Stufe ziehen lassen.
3. Das Öl durch ein Feinsieb filtrieren und erkalten lassen, bis die Masse einzutrüben beginnt.
4. Die Masse mit einem kleinen Quirl oder Kaffeeschäumer homogen vermischen und in Gläser füllen.
5. Kalt stellen, bis die Lippenpflege fest wird.

ANWENDUNG: Wie eine normale Lippenpflege anwenden.
HALTBARKEIT: 12 Monate bei Zimmertemperatur.

ANTIBIOTISCHE LIPPENPFLEGE MIT MELISSE

Bei Herpes, Entzündungen, Rissen und Aphten im Lippenbereich.

Zutaten für 4 Gläschen à 30 ml:

2 EL frische klein geschnittene Melisse

1 TL frisch geriebener Ingwer

1 TL pulverisierte Zitronenverbene

1 TL Wasser

½ TL pulverisierter Kardamom

100 g Kakaobutter

30 g neutrales Öl

Prise Natursalz

Zubereitung:

1. Alle pflanzlichen Komponenten mit Wasser mischen und 5 Minuten ziehen lassen.
2. Gemeinsam mit den weiteren Zutaten in einen Topf geben und zum Kochen bringen.
3. Temperatur auf kleinste Stufe reduzieren und die Masse eine ½ Stunde ziehen lassen.
4. Die Lippenpflege durch ein Feinsieb filtrieren und in Gläschen füllen.
5. Kalt stellen, bis sie fest wird.

ANWENDUNG:
Bei Entzündungen im Lippenbereich sanft auf die betroffenen Stellen auftragen oder wie eine normale Lippenpflege anwenden.

HALTBARKEIT:
12 Monate bei Zimmertemperatur.

CHOCO-LIPS

Sanfte Lippenpflege, wirkt hautberuhigend, schützt das sensible Lippenareal und schmeckt sinnlich nach Schokolade.

Zutaten für 3 Gläschen à 30 ml:

50 g Kakaobutter

10 g dunkle Schokolade (80 % Kakaoanteil)

30 g neutrales Öl

Zubereitung:

1. Alle Komponenten in einen Topf geben und sanft erwärmen, bis Schokolade und Kakaobutter schmelzen.
2. Die Lippenpflege in Gläschen füllen und kühl stellen, bis sie fest wird.

ANWENDUNG:
Wie eine normale Lippenpflege anwenden.

HALTBARKEIT:
12 Monate bei Zimmertemperatur.

GESUNDE HAUT

sanft und geschmeidig

Glänzendes Haar, strahlende Augen und straffe Haut sind Geschenke, die eine gute Fee dir als Option in die Wiege gelegt hat. Ob du sie als Erwachsener nützt, hängt von der Lebensweise ab, für die du dich entscheidest.

» *Das Wichtigste von allem ist gute Laune. Alles, was deine Seele glücklich macht, ist ein Jungbrunnen für die Haut, denn sie ist ein Spiegel deiner Seele. Also tu oft das, was dir wirklich Spaß macht.*

» *Ausdauersport sorgt für rosige Wangen. Bei jedem Bewegungsprogramm wird die Haut besser durchblutet, das regt die Regeneration an. Mäßigkeit ist jedoch beim Sport eine Tugend. Bei Kraftanstrengungen wie einem Marathonlauf entstehen durch Stresshormone viele freie Radikale, und das gibt Falten.*

» *Ausgedehnte Spaziergänge oder Aufenthalte an der frischen Luft, bevorzugt im Wald, lassen die Haut strahlen. Sauerstoff atmen wir nicht nur ein, sondern nehmen ihn auch über die Haut auf (etwa 5 %). Waldluft mit viel Sauerstoff vermittelt deinen Zellen einen sanften, aber nachdrücklichen Teilungsimpuls. Gut. Oder? Das war übrigens einer der Gründe, warum FKK entstand – die Haut sollte überall atmen können, ohne einengende Kleidung.*

» *Zu viel Zucker in der Ernährung lässt sich nicht nur an der Figur ablesen. Zuckerüberschuss macht die kollagenen Fasern deiner Haut hart, sie können sogar brechen. Das bedeutet frühzeitiges Altern.*

» *Giftstoffe, die durch Alkohol, Rauchen, industriell gefertigte Nahrung oder Pflegemittel in deinen Körper kommen, zeigen sich über deine Haut. Es bleibt dir fast gar nichts anderes übrig – gib deine ungesunden Gewohnheiten auf. Und detoxe!*

» *Wasser ist DAS Lebenselixier deiner Haut. Viel trinken hilft. Täglich mindestens 2 Liter Wasser.*

- *Einen ausgeruhten, frischen Teint hast du nur, wenn du lang genug schläfst. Die Zellregeneration läuft nachts auf Hochtouren. Jede durchzechte Nacht macht sich bemerkbar, besonders jenseits der 30.*
- *Sanft massieren tut gut. Nicht nur im Zuge der Reinigung, sondern auch, um eine Lotion oder Creme zu verteilen. Drei Minuten pro Tag ergeben eine schöne Haut.*
- *Pro Woche ein Mal peelen und eine Maske auftragen entfernt mikroskopisch kleine abgestorbene Hautschüppchen. Aber niemals an einem Tag beides durchführen, wie es in manchen Kosmetikinstituten notgedrungen Usus ist. An einem Tag entweder ein Peeling oder eine Maske. Danach braucht deine Haut Ruhe und kein weiteres Pflegeprodukt.*
- *Du bist, was du isst. Vitamin A hilft bei der Zellteilung, Vitamin C bei der Straffung des Bindegewebes. Ohne ausgewogene Ernährung tut sich die Haut mit dem Strahlen schwer. Schönmacher von innen sind alle grünen Salate, alle Kohlsorten, wie Broccoli, Grünkohl oder Karfiol (Blumenkohl), biologisch gezogenes Gemüse und Früchte der Saison und Region.*
- *Weniger ist mehr. Deine Haut ist ein lebendiger Organismus, der sich ununterbrochen erneuert. Überreichliche, mit Wirkstoffen überfrachtete Pflege schadet mehr, als sie nützt.*
- *Spare nie an der Reinigung, aber lass deine Haut nachts häufig ohne Wirkstoffe atmen. Tagespflege ist als Schutz nötig und soll leicht sein.*

Ursprünglich war jede Hautpflege aus natürlichen Rohstoffen – dazu zählten auch solche, die von Tieren stammten. Die österreichische Kaiserin Sisi legte über Nacht rohes Rindfleisch auf ihr Gesicht, um die Haut faltenfrei zu halten. Kleopatra badete in Eselsmilch. Eine Haut wie „Milch und Honig", der Spruch ist noch geläufig. Alles, was Milch und Honig, Propolis, Lanolin,

Kamel- oder Stutenmilch enthält, ist unter Umständen „Naturkosmetik". Deshalb fehlt in vielen Naturkosmetik-Rezepten der Hinweis „vegan". Es werden aber, muss fairerweise gesagt sein, immer mehr, die sich darum bemühen, auch wirklich Veganes anzubieten, egal ob im Supermarkt, in Drogerieketten, Kosmetikinstituten oder in den kleinen, feinen Läden.

Wie in der Ernährung verzichtest du in einer veganen Kosmetik auf Wirkstoffe, die entweder durch Tierleid belastet sind (getestet, zu Tode gespritzt, bis zur Verstümmelung ausprobiert) oder aus einer der Ausbeutungsstätten stammen, die wir Menschen erfindungsreich geschaffen haben.

Wenn du deine Kosmetik in der eigenen Küche und aus Zutaten, die dein Garten oder deine Umgebung hergeben, für DICH SELBST herstellen willst, ist ein wenig Umdenken gefragt. Du stellst „kleine" Mengen her, denn deine frische Hauptpflege hat ein frühes Ablaufdatum, das sich weiter verkürzt, wenn du nicht absolut keimfrei gearbeitet hast.

Anders ist es bei den Ölen, die halten so lange, wie es auf dem Etikett steht. Es gibt in der Zwischenzeit so viele davon und in jedem Jahr werden neue hochgelobt. Sie sind perfekt für viele Gelegenheiten und ich habe persönlich eines nach dem anderen ausprobiert.

Granatapfel-Kernöl: Granatapfel als Pflanze der Liebe spricht besonders viele Frauen an, Straffung und die Verzögerung der Hautalterung sind seine Versprechen. Granatapfelöl gibt es in Bioqualität, was die Haut nicht mehr braucht, kann gegessen werden.

Nachtkerzenöl: Mit seiner Gamma-Linolensäure reguliert es trockene Haut und stärkt die Hautbarriere. Wenn das Öl eingenommen wird, unterstützt es das Immunsystem und die Seele wird gestreichelt.

Borretschsamenöl: hat den höchsten Gehalt an Gamma-Linolensäuren, es hilft, Wasserverlust der Haut auszugleichen.

Arganöl: DAS Detoxöl, mit dem du dein Bindegewebe entschlacken kannst. Viele verwenden es für die Pflege, aber auch als Salatöl, beides ist möglich.

Sanddorn-Fruchtfleischöl: kann ebenfalls pur auf die Haut kommen, aber Vorsicht, dann bist du orange gefärbt. Deshalb besser mit dem kalt gepressten Salatöl vermengen, das du gerade in der Küche hast. Olivenöl oder Hanföl, auch Nussöl oder Mandelöl. Die Mischung 1 Tropfen Sanddorn + 10 Tropfen Trägeröl macht noch immer eine gesunde Hautfarbe und baut die oberste Hautschicht auf. Meiner Erfahrung nach verträgt sich Sanddorn wunderbar mit nativem Olivenöl, kein Wunder, die Pflanzen (Sanddorn und Olivenbaum) gehören beide zur Familie der Ölbaumgewächse, gleich und gleich gesellt sich gern.

Jedes fette Pflanzenöl kann mit anderen gemischt und als Hautpflege genützt werden. Oft reichen wenige Tropfen, um das Gesicht, den Hals und das Dekolletee zu versorgen. Öle stärken die Hautbarriere und wirken direkt auf das Immunsystem, von innen und von außen. Sie ziehen nach dem Auftragen schnell ein. Junge Haut braucht sehr wenig, ältere Haut etwas mehr. Überschüsse tupfst du mit einem Tuch ab. Einfacher geht es nicht.

LIMONCELLO-ALOE-ÖL

Leichtes Feuchtigkeitsöl zur Pflege gestresster Haut. Wirkt straffend, regenerierend, hautverjüngend, feuchtigkeitsspendend, desodorierend und desinfizierend. Eignet sich als Gesichts- und Körperöl. Kann auch zum Abschminken und zur Körperhygiene im Intimbereich verwendet werden.

Zutaten für 1 Spenderflasche à 250 ml:

1 Bio-Zitrone

1 großes Aloe-Blatt

300 ml neutrales Öl (z. B. Traubenkernöl)

Zubereitung:

1. Zitrone waschen und samt Schale in kleine Stücke schneiden.
2. Das Aloe-Gel mit einem scharfen Messer aus dem Blatt herauslösen.
3. Öl, Zitrone und Aloe-Gel im Mixer homogen pürieren und durch einen Teefilter filtrieren, Rückstand gut auspressen.
4. Das Öl in eine Spenderflasche füllen.

ANWENDUNG:
Vor dem Gebrauch gut schütteln. Das Öl sanft in die vorher angefeuchtete Haut einmassieren.

HALTBARKEIT:
6 Monate bei Zimmertemperatur.

ANWENDUNG:
Eine kleine Menge in den Handflächen verteilen und leicht in die Haut einmassieren.

HALTBARKEIT:
6 Monate bei Zimmertemperatur.

GRÜNE NOTFALLSALBE

Wirksame Notfallsalbe, wundheilend, hautberuhigend und entzündungshemmend. Eignet sich auch als sanfte Pflege für Kinder und Erwachsene, wirkt feuchtigkeitsspendend, glättend und elastizitätserhöhend.

Zutaten für 2 Gläser à 100 ml:

Eine 100-ml-Tasse mit klein geschnittenen Blüten und Blättern von Hirtentäschel, Kamille, Schafgarbe, Wegerich, Gundelrebe, Vogelmiere etc.

150 g Kakaobutter

50 g neutrales Öl

½ TL Natursalz

Zubereitung:

1. Alle Zutaten in einen Topf füllen und ein Mal aufkochen lassen.
2. Mit dem Pürierstab mixen und eine ½ Stunde auf kleinster Stufe sanft ziehen lassen.
3. Die Kräutersalbe durch einen Teefilter filtrieren und in Gläser füllen.

DIE EINFACHSTE VEGANE SALBE DER WELT

Für alle, die noch nie Salben zubereitet haben, eine einfache, hautfreundliche und hautschützende Pflege. Kakaobutter ist eine ausgezeichnete Pflege bei trockener, rissiger und spröder Haut, erhöht ihre Elastizität, macht sie samtig und geschmeidig. Die Öle können auf die Bedürfnisse der eigenen Haut abgestimmt werden. Verwendet werden können pflegende Öle wie Jojoba-, Mandel- oder Walnussöl, ebenso selbst angesetzte Blüten- und Kräuteröle wie Rose, Steinklee, Lavendel, Ringelblüten, Melisse oder Lilien.

Zutaten für 3 Gläser à 50 ml:

100 g Kakaobutter

50 ml Öl

Zubereitung:

1. Kakaobutter erwärmen, bis sie vollständig schmilzt.
2. Das Öl langsam und unter ständigem Rühren mit der Kakaobutter vermischen.
3. Die Salbe kühl stellen, bis sie fest wird.

ANWENDUNG: Auf die Haut auftragen und sanft einmassieren.
HALTBARKEIT: 1 Jahr bei Zimmertemperatur.

KAMILLE-HANFLOTION

Hanföl ist besonders hautpflegend und enthält ungesättigte Fettsäuren, Kamille hat eine hautberuhigende und wundheilende Wirkung. Auf der Haut wirkt diese leichte Lotion entzündungshemmend, regenerierend und zellerneuernd. Die Lotion zieht schnell in die Haut ein und hinterlässt ein gepflegtes Gefühl.

Zutaten für eine Spenderflasche à 200 ml:

50 ml Hanföl

3 EL frische Kamillenblüten

20 ml Verjus

50 ml Mineralwasser

Zubereitung:

1. Alle Komponenten im Mixer gut mixen.
2. Den flüssigen Extrakt durch einen Teefilter filtrieren und in eine Spenderflasche füllen.
3. Vor Gebrauch gut schütteln.

ANWENDUNG:
Auf die Haut auftragen und sanft einmassieren.

HALTBARKEIT:
3 Monate bei Zimmertemperatur.

BOTANICAL GREEN WONDER

Anti-Cellulite-Öl mit straffender, glättender und durchblutungsfördernder Wirkung. Hilft gegen Dehnungsstreifen, schwaches Bindegewebe und Hautdellen. Kann auch als Abschminköl und Gesichtspflege verwendet werden.

Zutaten für 2 Spenderflaschen à 150 ml:

1 Bund frische Minze

Eine 200-ml-Tasse mit klein geschnittenen Efeublättern

500 g neutrales Öl (z. B. Sonnenblumenöl)

1 TL Natursalz

Zubereitung:

1. Minze in kleine Stücke schneiden.
2. Alle Zutaten in einem Topf zum Kochen bringen.
3. Einmal aufkochen, Temperatur reduzieren und eine ½ Stunde auf kleinster Stufe ziehen lassen.
4. Das Öl durch einen Teefilter filtrieren und in eine Spenderflasche füllen.

ANWENDUNG:
Das Öl sanft in die vorher angefeuchtete Haut einmassieren.

HALTBARKEIT:
6 Monate bei Zimmertemperatur.

MELISSE-GURKE-HAUTCREME

Erfrischende, sanfte und feuchtigkeitsspendende Hautcreme. Wirkt straffend, antibakteriell, zusammenziehend, desinfizierend, entzündungshemmend und kühlend. Empfehlenswert bei Akne, trockener Haut und Falten.

Zutaten für 3 Gläser à 50 ml:

150 g Kokosöl

Eine 100-ml-Tasse mit klein geschnittenen frischen Blättern der Melisse

200 g Bio-Gurke, zerkleinert

25 g Beerenwachs

½ TL Natursalz

Zubereitung:

1. Alle Zutaten bis auf Beerenwachs in einen Topf geben und mit dem Pürierstab mixen.
2. Zum Kochen bringen, Temperatur reduzieren und eine ½ Stunde auf kleinster Stufe ziehen lassen.
3. Das Öl durch ein Feinsieb filtrieren.
4. Beerenwachs zugeben und erwärmen, bis das Wachs flüssig wird.
5. Die Masse stehen lassen, bis sie einzutrüben beginnt, anschließend die Komponenten mit dem Pürierstab homogen emulgieren.
6. Die Hautcreme in mit Alkohol gereinigte Gläser füllen und kalt stellen. Beim Gebrauch einen sauberen Spatel verwenden.

ANWENDUNG:
Die Hautcreme in den Handflächen verteilen und leicht in die Haut einmassieren.

HALTBARKEIT:
Bei hygienischer Anwendung 1 Monat bei Zimmertemperatur.

BALSAM MIT HAUSWURZ

Leichte Feuchtigkeitspflege, wirksam bei trockener Haut. Erfrischend, feuchtigkeitsspendend, hautberuhigend und entzündungshemmend. Kann als Universalpflege für Gesicht und Körper verwendet werden, wie auch als Kinderpflege.

Zutaten für 2 Gläser à 100 ml:

100 g Hauswurz

150 ml neutrales Öl

*30 g Beerenwachs**

Zubereitung:

1. Hauswurz und Öl in den Mixer geben und homogen mixen.
2. Das Öl durch einen Teefilter filtrieren, den Rückstand gut auspressen.
3. Das Wachs in einem Topf zum Schmelzen bringen und das Öl langsam unter ständigem Rühren zugeben. Eventuell mit 1 Tropfen ätherischem Öl beduften.
4. Den Balsam in Gläser füllen. Beim Gebrauch einen sauberen Spatel verwenden.

ANWENDUNG: Den Balsam in den Handflächen verteilen und leicht in die Haut einmassieren.
HALTBARKEIT: Bei hygienischer Anwendung 1 Monat bei Zimmertemperatur.

**Beerenwachs wird aus den Schalen des Lacksumachs (Rhus Verniciflua) gewonnen und kann im Internet oder über den kosmetischen Rohstoffhandel bezogen werden.*

SCHNEEWITTCHEN-MILCHCREME

Sanfte, hautberuhigende und feuchtigkeitsspendende Pflege für Kinder und Erwachsene.

Zutaten für 2 Gläser à 50 ml:

30 ml Kokosmilch

70 ml Mandelöl

1 gestr. TL Apfelpektin

Zubereitung:

1. Alle Zutaten im Mixer zu einer cremigen Konsistenz emulgieren.
2. Die Hautcreme in Gläser füllen und kühl stellen. Zügig aufbrauchen und beim Gebrauch einen sauberen Spatel verwenden.

ANWENDUNG:
Die Hautcreme in den Handflächen verteilen und leicht in die Haut einmassieren.

HALTBARKEIT:
Im Kühlschrank aufbewahren. Haltbarkeit bei hygienischer Anwendung 2 Wochen.

ANWENDUNG:
Das Öl auf den Handflächen verteilen und sanft in die vorher angefeuchtete Haut einmassieren.

HALTBARKEIT:
6 Monate bei Zimmertemperatur.

APFELSTRUDEL-ÖL

Erfrischendes Öl für Kinder und Erwachsene. Enthält viel Feuchtigkeit und Vitamine, fördert die Durchblutung und wirkt desinfizierend. Wirkt hautverjüngend, hat hautregenerierende und vitalisierende Eigenschaften.

Zutaten für 2 Flaschen à 100 ml:

1 Bio-Apfel

¼ TL Zimt

250 ml neutrales Öl (z. B. Sonnenblumenöl)

Zubereitung:

1. Apfel waschen und samt Schale raspeln.
2. Apfel und Öl in einem Topf zum Kochen bringen.
3. Einmal aufkochen, Hitze reduzieren und alles eine ½ Stunde auf kleinster Stufe ziehen lassen.
4. Abdrehen, Zimt zugeben und weitere 3 Minuten ziehen lassen.
5. Das Apfelöl durch einen Teefilter filtrieren und in Flaschen füllen.

HAUTCREME MIT BLÜMCHEN, MOOS UND MIERE

Diese Hautcreme besitzt eine beruhigende, entzündungshemmende und wundheilende Wirkung.

Kann als Universalhautcreme für Gesicht und Körper verwendet werden, wie auch als Kinderpflege.

Zutaten für 2 Gläser à 100 ml:

Eine 100-ml-Tasse frische Blümchen von der Wiese wie Kamille, Gänseblümchen, Schafgarbe, Mutterkraut, Vogelmiere und ein paar grüne Moosspitzen

150 ml neutrales Öl

50 ml Wasser

30 g Beerenwachs

Zubereitung:

1. Pflanzen waschen und mit Wasser und Öl in einen Topf geben.
2. Mit dem Pürierstab mixen und zum Kochen bringen.
3. 10 Minuten sanft köcheln, anschließend das Öl durch einen Teefilter filtrieren.
4. Öl und Beerenwachs in einen Topf geben und erwärmen, bis das Wachs schmilzt.
5. Die Masse auskühlen lassen, bis sie einzutrüben beginnt, und die Hautcreme mit dem Pürierstab emulgieren.
6. Die Hautcreme in mit Alkohol gereinigte Gläser füllen. Beim Gebrauch einen sauberen Spatel verwenden.

ANWENDUNG:
Die Hautcreme sanft in die Haut einmassieren.

HALTBARKEIT:
Bei hygienischer Anwendung 1 Monat bei Zimmertemperatur.

SCHÜTZENDE SONNENPFLEGE

protect!

SUNNY – SCHNELLE SONNENPFLEGE

Sanfte Sonnenpflege für Kinder und Erwachsene. Die Hautcreme schützt mild vor Sonneneinstrahlung und hat den Lichtschutzfaktor 6.

Zutaten für 3 Gläser à 50 ml:

100 g Kokosöl

50 g Kakaobutter

Zubereitung:

1. Beide Komponenten in einem Topf erwärmen und anschließend in Gläser füllen.
2. Optional können je 5 g Zink- und Titanoxid-Pulver zugegeben werden. Beide Mineralien sind in Apotheken erhältlich und werden in der Naturkosmetik als natürlicher Sonnenschutz gegen die UVA- und UVB-Strahlen verwendet. Die Sonnenpflege erreicht dadurch den Lichtschutzfaktor 15.

ANWENDUNG: Die Sonnenpflege vor dem Sonnenaufenthalt auf die leicht angefeuchtete Haut auftragen.

HALTBARKEIT: 1 Jahr bei Zimmertemperatur.

ALPEN-NUSSÖL RELOADED

Walnussöl ist ein bewährtes Sonnenschutzmittel. Das Öl wirkt hautschützend, erhöht den Widerstand der Haut gegen Sonnenstrahlung und verhindert Sonnenbrand. In Kombination mit Kokosfett, das eine kühlende, erfrischende und ebenfalls sonnenschützende Wirkung hat, ist dieses Öl besonders sanft und hautpflegend. Die grünen Walnüsse werden im Juni gesammelt, solange sie noch nicht verholzt sind. Sie färben stark, daher sollte ihre Verarbeitung mit Handschuhen erfolgen.

Zutaten für eine Spenderflasche à 200 ml:

10 grüne Walnüsse

250 ml Kokosöl

Zubereitung:

1. Die Walnüsse mit einem Messer in kleine Stücke schneiden.
2. Beide Zutaten in einen Topf füllen und zum Kochen bringen.
3. Einmal aufkochen lassen, Temperatur reduzieren und das Öl eine ½ Stunde auf kleinster Stufe sanft ziehen lassen.
4. Das Nussöl durch ein Feinsieb filtrieren und in eine Flasche füllen.

ANWENDUNG: Die Sonnenpflege vor dem Sonnenaufenthalt auf die leicht angefeuchtete Haut auftragen.
HALTBARKEIT: 12 Monate bei Zimmertemperatur.

FRESH-CARROTS-SERUM

Besonders nach dem Sonnenbaden unterstützt diese erfrischende Lotion die Hautregeneration, kühlt und wirkt antioxidativ. Die Lotion ist leicht getönt, zieht schnell in die Haut ein und hinterlässt ein gepflegtes Gefühl.

Zutaten für eine Spenderflasche à 200 ml:

100 ml Mandelöl

50 ml frisch gepresster Karottensaft

50 ml Verjus oder Apfelessig

Zubereitung:

1. Alle Komponenten in eine Spenderflasche füllen.
2. Vor dem Gebrauch gut schütteln.

ANWENDUNG:
Auf die Haut auftragen und sanft einmassieren.

HALTBARKEIT:
1 Monat bei Zimmertemperatur.

NATÜRLICHE SONNENPFLEGE

Sanfte und hautberuhigende Sonnenpflege für Kinder und Erwachsene. Die Hautcreme schützt mild vor Sonneneinstrahlung und hat den Lichtschutzfaktor 6.

Zutaten für 3 Gläser à 50 ml:

100 g Kokosöl

50 ml Lavendeltee

25 g Beerenwachs

Zubereitung:

1. Alle Komponenten in einen Topf geben und erwärmen, bis das Wachs schmilzt.
2. Abkühlen lassen und sobald die Masse leicht eintrübt, mit dem Pürierstab emulgieren.
3. Die Hautcreme in mit Alkohol gereinigte Gläser füllen. Beim Gebrauch einen sauberen Spatel verwenden.
4. Optional können je 5 g Zink- und Titanoxid-Pulver zugegeben werden. Beide Mineralien sind in Apotheken erhältlich und werden in der Naturkosmetik als natürlicher Sonnenschutz gegen die UVA- und UVB-Strahlen verwendet. Die Sonnenpflege erreicht dadurch den Lichtschutzfaktor 15.

ANWENDUNG: Die Sonnenpflege vor dem Sonnenaufenthalt auf die leicht angefeuchtete Haut auftragen. HALTBARKEIT: Bei hygienischer Anwendung 1 Monat bei Zimmertemperatur.

AFTER-SUN-KÖRPERMILCH

Hautberuhigende Körpermilch für nach dem Sonnenbaden.

Zutaten für eine Flasche à 100 ml:

3 EL Haferflocken

100 ml Kokosmilch (ungesüßt)

1 EL Kokosöl

Prise Salz

Zubereitung:

1. Alle Komponenten in einen Topf füllen und bis unter den Siedepunkt erhitzen.
2. Temperatur reduzieren und die Masse auf kleinster Stufe eine ½ Stunde ziehen lassen.
3. Die Körpermilch durch ein Feinsieb abseihen und in eine Spenderflasche füllen. Vor Gebrauch gut schütteln.

ANWENDUNG:
Eine kleine Menge auf die Haut auftragen und sanft einmassieren.

HALTBARKEIT:
1 Woche im Kühlschrank.

MASKEN & PEELINGS

scrub ♡ scrub!

CHAI-LATTE FÜR MÜDE HAUT

Bei Müdigkeit erfrischt die Maske die Haut, verbessert die Durchblutung und strafft die Gesichtskonturen. Kann auch als Packung bei Cellulite angewendet werden.

Zutaten für eine Maske:

1 TL gemahlene Kaffeebohnen (koffeinhaltig)

1 TL Grüner Tee

30 ml Kokosmilch

1 TL pulverisierte Haferflocken

Zubereitung:

1. Alle Zutaten zu einer Paste verrühren.

ANWENDUNG:
Auf die Haut auftragen und eine ½ Stunde einwirken lassen.
Mit lauwarmem Wasser gründlich abwaschen.

MOHN-MASKE

Versorgt die Haut mit ungesättigten Fettsäuren, Mineralien und Vitaminen. Entspannt gestresste Haut, macht sie weich und geschmeidig.

Zutaten für eine Maske:

1 TL gequetschte Mohnsamen

2 EL vegane Milch

1 TL pulverisierte Haferflocken

Zubereitung:

1. Alle Zutaten vermischen.

ANWENDUNG:
Die Maske auf die Haut auftragen und leicht in den Gesichts- und Halsbereich einarbeiten. Einwirken lassen, bis die Maske zu spannen beginnt (ca. eine ½ Stunde). Mit lauwarmem Wasser abwaschen.

HAGEBUTTEN-SCHÖNHEITSMASKE

Durch den hohen A- und C-Vitamingehalt wirkt die Hagebutte antioxidativ, straffend und zellerneuernd. Glättet Falten und hellt die Haut auf.

Zutaten für eine Maske:

5 reife Hagebutten

1 TL Wasser

1 TL Öl

Zubereitung:

1. Hagebutten an der dunklen Spitze anschneiden und das weiche Fruchtfleisch von den Kernen lösen.
2. Das Fruchtfleisch mit Wasser und Öl vermixen.

ANWENDUNG:
Auf die Haut auftragen und eine ½ Stunde einwirken lassen.
Mit lauwarmem Wasser gründlich abwaschen.

Hagebutte

ELFENBLÜTEN-HEILMASKE

Durch den hohen Gehalt an Schleimstoffen beruhigt Eibisch irritierte Haut, spendet Feuchtigkeit und glättet Falten.

Zutaten für eine Maske:

3 Eibischblüten

30 ml Kokosmilch

Zubereitung:

1. Eibischblüten in kleine Stücke schneiden und mit der Milch im Mörser zu einer homogenen Paste verrühren.

ANWENDUNG:
Auf die Haut auftragen und eine ½ Stunde einwirken lassen.
Mit lauwarmem Wasser gründlich abwaschen.

Eibisch

GÄNSEBLÜMCHEN-GESICHTSMASKE

Reduziert Entzündungen und macht die Haut rosig und zart.

Zutaten für eine Maske:

1 EL Gänseblümchen

1 EL grüne Tonerde

1 TL Agavensirup

50 ml Wasser

Zubereitung:

1. Gänseblümchen zerkleinern und mit 50 ml kochendem Wasser übergießen.
2. Eine ½ Stunde ziehen lassen und durch ein Teesieb filtrieren.
3. Grüne Tonerde und Agavensirup zugeben und vermischen.

ANWENDUNG:
Auf das gereinigte Gesicht auftragen und 15 Minuten einwirken lassen. Mit lauwarmem Wasser abspülen.

Gänseblümchen

Gabriela Nedoma

Siegrid Hirsch

Gabriela Nedoma

ist Buchautorin, Naturpädagogin und Seminarleiterin. In ihrer Arbeit befasst sie sich mit Naturbildung und Hautökologie und vermittelt praxisnahes Wissen für ein Leben aus der Natur. Sie startete die Initiative „Natur schützt Haut" und die Grüne-Kosmetik-Pädagogik, Bildungsmaßnahmen zur Förderung naturbelassener Hautsozialisation. Darüber hinaus engagiert sie sich für ökologische Lebensweisen und Kosmetik ohne Tierversuche.

Siegrid Hirsch

Nach einer Ausbildung zur Hochbau-Technikerin war sie langjährige ORF-Redakteurin. Sie beschäftigt sich von Jugend an mit Heilpflanzen und absolvierte in Ignaz Schlifnis Kräuterschule die Heilpflanzen- und Botaniker-Ausbildung. Sie ist im Vorstand des ältesten und größten Kräutervereins Österreichs und leitet die Redaktion der Zeitschrift Gesundheitsbote. Seit 1996 arbeitet sie auch als Buchautorin.

Gabriela Nedoma

Grüne Kosmetik

Bio-Pflege aus Küche und Garten

Biologische Alternativen zu Deos mit Aluminium, Hautcremen mit PEGs und an Tieren getesteten Produkten. Die Shampoos wachsen auf den Bäumen, die Zahnpasta blüht auf der Wiese und der Sonnenschutz sprießt im Garten. Alles ist 100 % naturbelassen, schnell gezaubert und so rein, dass es gekostet werden kann.

ISBN: 978-3-99025-094-5

Siegrid Hirsch & Felix Grünberger

Die Kräuter in meinem Garten

Seit 1996 wird es immer wieder neu aufgelegt, mit den neuesten Informationen versehen, durch Trend-Pflanzen, Gewürze und Kräuter, die für die Gesundheit neu entdeckt werden, ergänzt und grafisch überarbeitet. Pflanzen von A–Z.

ISBN: 978-3-902134-79-0